NOS CAFUNDÓS DO JALAPÃO

CRÔNICAS
2. ED.

Editora Appris Ltda.
2.ª Edição - Copyright© 2022 dos autores
Direitos de Edição Reservados à Editora Appris Ltda.

Nenhuma parte desta obra poderá ser utilizada indevidamente, sem estar de acordo com a Lei nº 9.610/98. Se incorreções forem encontradas, serão de exclusiva responsabilidade de seus organizadores. Foi realizado o Depósito Legal na Fundação Biblioteca Nacional, de acordo com as Leis nos 10.994, de 14/12/2004, e 12.192, de 14/01/2010.

Catalogação na Fonte
Elaborado por: Josefina A. S. Guedes
Bibliotecária CRB 9/870

A298n 2022	Aires, Joarez Virgolino 　　Nos cafundós do Jalapão : crônicas / Joarez Virgolino Aires. 　　2. ed. - Curitiba : Appris, 2022. 　　　245 p. ; 2 cm. 　　ISBN 978-65-250-1925-3 　　1. Crônicas brasileiras. 2. Parque Estadual do Jalapão – Tocantins. I. Título. 　　　　　　　　　　　　　　　　　　　　　　CDD – 869.3

Livro de acordo com a normalização técnica da ABNT

Editora e Livraria Appris Ltda.
Av. Manoel Ribas, 2265 – Mercês
Curitiba/PR – CEP: 80810-002
Tel. (41) 3156 - 4731
www.editoraappris.com.br

Printed in Brazil
Impresso no Brasil

Joarez Virgolino Aires

NOS CAFUNDÓS DO JALAPÃO

CRÔNICAS
2. ED.

FICHA TÉCNICA

EDITORIAL	Augusto V. de A. Coelho
	Marli Caetano
	Sara C. de Andrade Coelho
COMITÊ EDITORIAL	Andréa Barbosa Gouveia (UFPR)
	Jacques de Lima Ferreira (UP)
	Marilda Aparecida Behrens (PUCPR)
	Ana El Achkar (UNIVERSO/RJ)
	Conrado Moreira Mendes (PUC-MG)
	Eliete Correia dos Santos (UEPB)
	Fabiano Santos (UERJ/IESP)
	Francinete Fernandes de Sousa (UEPB)
	Francisco Carlos Duarte (PUCPR)
	Francisco de Assis (Fiam-Faam, SP, Brasil)
	Juliana Reichert Assunção Tonelli (UEL)
	Maria Aparecida Barbosa (USP)
	Maria Helena Zamora (PUC-Rio)
	Maria Margarida de Andrade (Umack)
	Roque Ismael da Costa Güllich (UFFS)
	Toni Reis (UFPR)
	Valdomiro de Oliveira (UFPR)
	Valério Brusamolin (IFPR)
ASSESSORIA EDITORIAL	Lucas Casarini
REVISÃO	Ana Paula Luccisano
PRODUÇÃO EDITORIAL	Bruna Holmen
DIAGRAMAÇÃO	Jhonny Alves dos Reis
CAPA	Sheila Alves
COMUNICAÇÃO	Carlos Eduardo Pereira
	Débora Nazário
	Karla Pipolo Olegário
ILUSTRAÇÕES DA CAPA	Joarez Virgolino Aires (superior)
	Stela Aires Romio (inferior)
LIVRARIAS E EVENTOS	Estevão Misael
GERÊNCIA DE FINANÇAS	Selma Maria Fernandes do Valle

MEMORIAL DOS AIRES

No introito deste memorial, apraz-me registrar minha gratidão à dedicada esposa Ausilia Morés Aires que, cuidando de todas as condições materiais de nosso lar, permitiu-me gestar e produzir este repertório das coisas belas de minha terra natal.

Joaquim Maria Machado de Assis, de alguma forma, imortalizou o sobrenome Aires, ao criar seu famoso romance *Memorial de Aires,* publicado no mesmo ano de sua morte, 1904, exatamente quatro anos após o falecimento de sua idolatrada esposa, Carolina Augusta Xavier de Novais.

Aproximando-me dos 90 janeiros e entendendo que tudo o que fiz, fui e sou, em grande parte, devo à matriarca dos Aires do planalto central, Maria Madalena Dias de Oliveira, mãe de meu pai, eu decidi que poderia prestar-lhe bela homenagem, bem como a toda a extensão do clã dos Aires, ilustrando algumas das 80 crônicas deste livro pelas criativas, inspiradas e inocentes mãos de netos e sobrinhos-netos da grande e bela família dos Aires.

Assim, em alegoria e à guisa de meu epitáfio, estamparia no frontispício deste relicário de crônicas os dois tercetos do pungente soneto que mestre Assis dedicou à sua gentil, preciosa e finada esposa: "Trago-te flores – restos arrancados da terra que nos viu passar unidos e ora mortos nos deixa e separados; que eu, se tenho, nos olhos mal feridos, pensamentos de vida formulados, são pensamentos idos e vividos!".

POST SCRIPTUM

Ad perpetuam rei memoriam!

Perene gratidão às/aos desenhistas que ilustraram as crônicas desta apologia das coisas belas do Tocantins: Giulia A. M. Aires e Giovanna A. M. Aires, filhas de Daniel Morés Aires e Shirley A. M. Aires; Pedro Miguel Aires e Pietra Madza Aires, filhos de Davi Morés Aires e Edanne Madza de Almeida Cunha Aires; Pedro Mota Aires e Beatriz Mota Aires, filhos de Rodrigo Barbosa Aires e Lícia Maria Henrique da Mota; Amanda Aires Medeiros, Micaela Aires Medeiros, Caio Aires Medeiros, filhos de Nádia Barbosa Aires e Fábio de M. Medeiros; Stella Aires Romio e Camila Aires Romio, filhas de Daniela Aires Freitas e Renato Romio; de Talita Aires F. Amaral e Luís Antônio da Silva Amaral, apoio solidário.

Ad maiorem Dei gloriam!
Ano domini, MMXXII.

Ad maiorem Dei Gloriam !   ANO DOMINI, MMXXII

Galeria das/os desenhistas/artistas da obra

Pedro Miguel Aires

Pietra M. Aires

Giulia A. M. Aires

Giovana A. M. Aires

Pedro Mota Aires

Beatriz Mota Aires

Amanda Aires Medeiros

Micaela Aires Medeiros

Caio Aires Medeiros

Stella Aires Romio

Camila Aires Romio

APRESENTAÇÃO

INTROIBO AD ALTARE DEI!

Entrarei no altar de Deus! (Salmo 42, 4)

Ao viandante amigo que me honrar com a leitura deste livro de crônicas, *Nos cafundós do Jalapão*, devo recordar a solene advertência de Yahweh Elohim a Moisés: "Tire as sandálias dos pés, pois a terra que pisas é sagrada!" (Êxodo 3, 5).

Entendendo-a por sagrada é que o rei profeta constatou: "Introibo ad altare Dei!" (Entrarei no altar de Deus!) (Salmo 42, 4).

Trocando em miúdos essa alegoria, estou convidando o leitor destas páginas a retirar as sandálias do senso comum e do convencional antes de tocar os cenários de rara beleza da fauna e da flora do estado do Tocantins, os quais aqui retrato e que, no seu encantamento e magia, carregam aquele mistério de território sagrado, verdadeiro altar de Deus!

O Jalapão, oásis no coração do Brasil, é um ninho em que a pródiga mão do Pai eterno espalhou belezas mil, configurando-o como um verdadeiro altar de Deus!

Assim, na modesta colherada de mel que, logo mais, espalharás no seu pão, centenas, milhares de operosas abelhas tiveram de agitar suas pequeninas asas, em voos rasantes, sobre milhares de flores para recolher o modesto e precioso pólen que, visitando suas papilas, puderam transmutar no precioso e saboroso mel que, logo mais, degustarás!

Para cada uma das 80 crônicas, que foram reunidas neste ramalhete de apologia ao instante fugaz, o leitor encontrará o corolário e o remate de uma longa jornada.

A humana experiência nos mostra que jamais poderemos desfrutar de visões panorâmicas se não tivermos calejado nossos pés escalando a montanha que, na linha do horizonte, sempre barra nossos passos.

O sábio Moisés não teria elencado toda a humana experiência em 10 códigos se não tivesse escalado o monte Sinai e ali demorado por longos dias.

Como cão mestre farejador, deslizei meu olfato por entre rios, regatos e colinas dos cerrados do Tocantins perseguindo uma "ideia ligeira", em que algum viandante mais curioso pudesse, num certo momento de um momento incerto, vislumbrar o fulgor de uma bela e peregrina imagem a ofuscar seus olhos!

No mais, resta-me concluir com o mestre Guimarães Rosa: "Vivendo se aprende, mas o que se aprende mais é só fazer outras maiores perguntas!" (João Guimarães Rosa, *Grande sertão: veredas*).

PREFÁCIO

Tenho desta vez em minhas mãos para prefaciar os originais de um livro de crônicas, com o sugestivo título *Nos cafundós do Jalapão*, do consagrado escritor Joarez Virgolino Aires, de quem já tive a oportunidade de ler *O viandante: saberes e sabores do Tocantins – memórias, cores e odores*; *Retalhos da caminhada*; e *Descobre teu próprio mestre! Teoodisseia*. Infelizmente, ainda não tive a honra de conhecer pessoalmente esse maravilhoso artista das letras, Joarez Virgolino Aires, nascido em 10 de setembro de 1935, na pequenina cidade de Babaçulândia, antigo norte goiano, hoje estado do Tocantins. Comprovando que a origem não determina a qualidade de um povo, mas pode no máximo influir em suas lembranças e saberes, então lhes digo: daquele antigo povoado que recebeu o nome de Nova Aurora do Coco, pobre, rústico, inóspito e agreste, encravado na margem esquerda do majestoso rio Tocantins, onde a maioria de sua população vivia da dura e sofrida extração do coco-babaçu, da caça, da pesca, de pequenas lavouras de subsistência, as chamadas roças de toco e da modesta criação de gado pé-duro, o dito curraleiro, assisto surgir daqueles ermos e gerais a um homem culto, simples, religioso, humanista, amoroso de sua família e de sua grei tão querida e distante. Um cristão de têmpera privilegiada, aguçada e de burilada inteligência.

Pois bem! Feito este preâmbulo, devo dizer que me encantei com a leitura de *Nos cafundós do Jalapão*. São crônicas curtas e de fácil compreensão, aliás, muito bem escritas, numa narrativa despojada e simples de fazer inveja aos melhores escritores do gênero em nosso país. São fatos históricos, memorialísticos, com os personagens bem delineados, com espaço e tempo rigorosamente definidos, tudo narrado numa linguagem coloquial, num regionalismo forte, telúrico, vigoroso, cheio de musicalidade, misturado ao erudito, brotando daí um estilo claro, límpido, inconfundível, em que o autor dá vida e alma aos seus escritos.

Verifica-se claramente que Joarez Virgolino Aires é um homem de profundas leituras, provando com isso que a sua arte literária é mesmo multidisciplinar, riquíssima, reunindo várias ciências afins, como Gramática, Linguística, Filosofia, Teologia, Política, Economia, Sociologia, Psicologia, História, Antropologia e muitas outras, todas se apresentando para melhor explicar o sentido dos seus personagens que são reais, vivos, de carne e osso, e cada um com seus sentimentos, seus desígnios, suas dores, suas alegrias, vigorando ainda mais esse belíssimo gênero – a crônica –, que se situa entre o jornalismo e a própria literatura.

Gosto muito da convivência harmônica da mesclagem do popular com o erudito dentro da arte literária. O autor sabe, como poucos, explorar o folclore, os adágios, os provérbios sempre tão ricos, cheios de lições de moralidade, de pura filosofia do homem do sertão com seus costumes, crenças e superstições. As histórias de Trancoso, lendas, danças e tradições embelezam, tonificam, dão tutano e seiva às suas 80 crônicas. As festas religiosas são descritas com primor, como as cavalhadas e as quadrilhas de São João de sua valorosa infância vivida em Babaçulândia e Tocantínia, onde o então menino Joarez caminhava de pés descalços sobre o braseiro das fogueiras, dos compadres e das comadres. Tudo narrado com muito respeito e devoção a Deus, à religião e a seus ricos preceitos. A fauna e a flora também dão vida e beleza à narrativa, com o encantamento das descrições de várias palmeiras, dos bichos selvagens, dos pássaros, onde o autor, como uma criança rude e ingênua, imita tão bem os seus sons, cantos e encantos.

São lindas as suas narrativas do engenho tocado a bois sonolentos, ruminantes, produzindo o açúcar, a rapadura, os tachos cheios de melado, a puxa, a garapa e um tiquinho de aguardente, porque ninguém é de ferro. O autor descreve muito bem as animadas farinhadas com a lembrança viva do caititu, da bandoleira e do tipiti, que é uma espécie de prensa de palha usada para escorrer a massa de mandioca nessa região tocantinense.

Destarte, devo assinalar que a expressão maior de sua crônica é mesmo o homem simples, o sertanejo tocantinense, forte, destemido, corajoso, seja de Babaçulândia, seja de Tocantínia, seja de Porto Nacional, onde o autor fez o ensino fundamental, a fazenda Mato Escuro, os ribeirinhos do rio Tocantins ou dos cafundós do Jalapão, dos quais seu pai, o Mestre Miliano, foi um grande exemplo de oficial seleiro, um fino artesão que fazia os arreios sob encomenda. E o autor, ao escrever sobre seu saudoso pai, exercendo o complexo ofício de seleiro, faz crescer sua sensibilidade de escritor, parece redigir com uma dor intensa, com água nos olhos, e se torna mais extraordinário, admirável, sublime, ao narrar cada peça confeccionada dos arreios (gualdrapas, cilha, cincha, barrigueira, estribos, rédeas, cabeçada, rabicho, peitoral), com enorme simplicidade, com profunda naturalidade, sensatez e unção.

Concluo este prefácio fazendo duas observações. A primeira é que a crônica de número 20, "Polifonia de um teto de piaçava", é, a meu ver, um primor, escrita com muito esmero. Pude rever, nessa crônica, nitidamente os meus tempos de criança e adolescência, nos quais passei várias noites chuvosas, de trovoadas, de intensos relâmpagos cortando o céu em ranchos de palhas de piaçava, a exemplo do autor, sobretudo nas fazendas de papai ou nos retiros do gado, lá na ilha do Formoso ou mesmo na ilha do Bananal, onde os ranchos eram erguidos quase nas ribanceiras de rios ou lagoas.

A segunda observação que faço é sublinhar, com toda ênfase, que o melhor do escritor Joarez Virgolino Aires é a sua franqueza, não esconde as suas origens: "... A nossa segunda moradia era uma casinha velha de adobe que ficava ao lado das irmãs Cedenilhas". Francamente, acho essa sinceridade de uma grandeza infinita, tanto na literatura como na vida de um cristão da Igreja Católica Apostólica Romana. Ainda mais quando se trata de um notável escritor, que vive há anos desenraizado de sua terra natal, do antigo norte goiano, hoje Tocantins, solto da canga como se diz por aqui.

E tendo residido em grandes centros urbanos, como no Rio de Janeiro, onde estudou por sete anos no Seminário Arquidiocesano de São José, bacharelando-se em Filosofia e Teologia; em Brasília (DF), por quase 18 anos; na França, um bom período; Roma, Itália, onde fez mestrado em Antropologia Filosófica pela Pontifícia Universidade Gregoriana. Também é licenciado em Filosofia e Letras pela Faculdade Dom Bosco de Filosofia, Ciências e Letras, de São João del-Rei (MG). Exerceu o magistério por quase quatro décadas, inclusive junto à Universidade Católica de Brasília (DF). Desde 1994, reside em Curitiba, estado do Paraná, mas continua, até hoje, ligado ao seu torrão natal por laços sentimentais, afetuosos.

In fine, não há mais nada a falar, a registrar, a não ser consignar aqui meu pleito de agradecimento, meu muito obrigado, por ter me concedido tamanha dádiva em prefaciar o seu livro, *Nos cafundós do Jalapão*, uma obra imorredoura, bem sei, mas com a ressalva de que o bom leitor poderá, perfeitamente, fazer um melhor juízo de suas valorosas crônicas, cabendo-me apenas relembrar o que disse, com palavras de ouro, o Padre Antônio Vieira: "... Se servistes a Pátria e ela vos foi ingrata, vós fizestes o que deveis e ela fez o que costuma".

Juarez Moreira Filho
Professor, advogado, escritor e ex-presidente da Academia Tocantinense de Letras (ATL)

SUMÁRIO

I
CENÁRIOS DO ESTADO DO TOCANTINS..................21
1. Dr. Francisco Ayres da Silva: utopias do meu tio-avô 21
2. Côco ou Nova Aurora, aurora da minha infância.................25
3. Babaçulândia, de currutela a polo turístico do Tocantins 27
4. Babaçulândia: o despertar de um povoado 30
5. O dia a dia na currutela de Babaçulândia........................32
6. Uma rotina no porto de Babaçulândia...........................34
7. Uma alvorada equina às margens do Tocantins 36
8. Agruras de um oficial artesão, sem parcerias, Mestre Miliano 39
9. Uma ilustre matriarca: Prof.ª Maria Madalena Dias de Oliveira...........43
10. Porto Nacional, quase Porto Imperial 46
11. "Procissões" de caju e manga na centenária Porto Nacional dos anos 1950....49
12. *"Andiamo passeggiare per il bosque!"* 52
13. Reminiscências da fazenda dos dominicanos de Porto Nacional 54
14. Como era a antiga sede "Mato Escuro"?........................57
15. Um cenário paradisíaco num "delta" do Tocantins 59
16. Agruras e peripécias de um missionário católico em "desobriga"........63
17. Rumo ao paraíso dos sonhos: a lancha Benvinda 66
18. Êxtase e encantamento sob um manto de estrelas...............70
19. Um vaqueiro do norte goiano, hoje Tocantins 73
20. Polifonia de um teto de piaçava 75
21. O velho casarão do Ioiô, meu avô materno.....................78
22. Seca e chuvas nos cerrados do Jalapão..........................80
23. Faiscando em garimpos do Tocantins e do Jacundá 82
24. As preciosas gueixas, "casca de ovo" 84
25. Emancipação do norte goiano: estado do Tocantins.........86
26. A Piabanha, Tocantínia dos anos 1940..........................88
27. Eventos mais pitorescos da Tocantínia, antigo Goiás, hoje Tocantins......91
28. Os festejos da Tocantínia dos anos 1940.......................94
29. *"IN ILLO TEMPORE"* – em tempos do estado da Guanabara.................97

II
PERFIS HUMANOS DO TOCANTINS 99
   30. O aristocrata que vestiu a camisa do sertanejo: Jean H. Antoine du Noday .. 99
   31. O que vi e ouvi de um intrépido missionário dominicano 103
   32. O nobre e o plebeu: duro diálogo! 107
   33. Padre João de Sousa Lima, "O coronel" da antiga Boa Vista 110
   34. Vivendo e aprendendo sob a competente batuta de Madre Nely 112
   35. Irmã Maria Radegundes: intrépida remanescente das missionárias francesas 115
   36. O anjo e a águia, bela cumplicidade. 117
   37. "Santo Atanásio" dos cerrados do Tocantins 119
   38. Um padre alemão no setentrião goiano – Padre José Klaus 122
   39. Um genuíno mestre-escola tocantinense dos anos 1950 125
   40. Um exótico garimpeiro e seu precioso biguá 128
   41. O pacto Aires & Virgulinos 131
   42. Romualdo, o caçador do oco da serra 133
   43. Professor, capanga ou pistoleiro? 136
   44. O inesquecível professor de Logiquinha, *il Monsignore* 138
   45. Sr. Manuel, o velho sacristão da catedral 141
   46. O "império" do velho sacristão 144
   47. O velho Severo, um remanescente da escravatura 147
   48. Nos porões do impaludismo, nos barrancos do Tocantins 151
   49. Um taumaturgo do norte goiano, hoje Tocantins – Padre Luso Matos ... 154
   50. O sertanejo piauiense que foi recebido pelo papa polonês 158
   51. O ilustre "forasteiro" portuense: João Pires Querido 161
   52. "Como vão as teologias?!" 164

III
PROTAGONISTAS DA FAUNA E DA FLORA TOCANTINENSE 167
   53. Como era lindo o sítio Bom Jesus 167
   54. O pequizeiro dos cerrados do Tocantins 170
   55. Pequizeiros de minha infância 173
   56. O buritizeiro, rei e soberano de cerrados e vargedos 176
   57. Cajazeira, concorrente do buritizeiro 178
   58. Vassalos do buritizeiro, só na letra "A", de angico, araçá e axixá 180
   59. Palmeiras equipadas com "colete à prova de balas" – macaubeiras 182
   60. A palmeira tucum e sua carapaça à prova de balas 185
   61. Palmeira babaçu, guardiã das fronteiras do Jalapão 188
   62. O jabuti e uma festa no céu 191

63. Sua excelência, o engenho dos anos 1940 no Tocantins.....................193
64. Açúcar e rapadura: os primogênitos de sua excelência, o engenho........197
65. Equipamentos de farinhada dos sertões do Jalapão........................200
66. Murici do cerrado e murici do banhado....................................204
67. A aristocrática seriema, uma meteorologista dos cerrados do Tocantins .206
68. Criaturas mágicas e enérgicas: lagartixas & "faraones"....................208

IV
PRÁTICAS CULTURAIS DO TOCANTINS 211
69. Fantasias de um cavalo de buriti 211
70. Deliciosas estórias de Trancoso 213
71. O aboio regendo a boiada – ciência, arte e magia 216
72. Entre gamelas e gameleiras 220
73. Uma viola de buriti: o bandolim do Ioiô 224
74. "Borracha", a geladeira dos tropeiros do norte goiano, hoje Tocantins ...227
75. Apuros do "cumpadre" Zuza numa rapa de tacho!........................229
76. Uma agulha fabricada de pelo silvestre....................................231
77. Fabricando um "Isidoro" sem pregos nem parafusos......................234
78. O "boi de fogo" e o cigarro de palha do tio Déco 237
79. À luz de antigas lamparinas 240
80. Tocando borá nos barrancos do Tocantins................................242

EPÍLOGO...243

I
CENÁRIOS DO ESTADO DO TOCANTINS

1. Dr. Francisco Ayres da Silva: utopias do meu tio-avô

Figura 1 – Dr. Francisco Ayres da Silva, recém-formado médico no Rio de Janeiro (1872-1957)

Fonte: acervo do autor

Joarez Virgolino Aires

Primeira etapa de uma utopia

Ouvi pessoalmente de um ilustre descendente da família Pinheiro, tradicional família portuense, que, nos tempos do Brasil Império, uma ilustre comissão de engenheiros palmilhou aquelas paragens e fincara, pela margem direita do rio Tocantins, estacas indicativas do trajeto de uma ferrovia que deveria margear o Tocantins pela direita. Essa linha férrea, combinada com os trechos navegáveis do rio Tocantins, criaria um eixo de ligação Norte-Sul, integrando ao desenvolvimento do país todo o imenso interior do Brasil. No dia quatro de março de 2021, foi inaugurado o trecho ferroviário de 1.537 quilômetros entre Porto Nacional (TO) e Estrela D'Oeste (SP).

Ainda no princípio do século XX, exatamente em 1922, meu tio-avô, Dr. Francisco Ayres da Silva, conhecedor daquele velho sonho, abraçou a decisão de fazer uma demonstração prática de que esse poderia e deveria transformar-se num projeto a ser encampado pelo governo federal e concretizar-se como uma realidade. Para ganhar autoridade de protagonista do projeto, abraçou de corpo e alma o compromisso de pôr em prática uma verdadeira odisseia para comprovar a viabilidade do empreendimento.

Uma vez firmada sua decisão, organizou-se pessoalmente. E, por conhecer bem as pessoas e os cenários do problema que pretendia equacionar, traçou uma detalhada agenda. Muito lúcido e objetivo, meu tio-avô tinha absoluta clareza de que um projeto dessa magnitude, para ser alavancado por uma só pessoa, deveria ser empreendido em duas etapas. Numa primeira investida, deveria conferir pessoalmente todas as condições ambientais do trecho navegável, indo pelo rio Tocantins de Porto Nacional a Belém do Pará.

Assim, no dia 22 de março de 1922, contratou barcos e barqueiros e partiu rumo a Belém do Pará. Depois de um mês de viagem, chegou a seu destino, Belém do Pará, exatamente no dia 23 de abril de 1922 (SILVA, 1999).

Segunda etapa de uma utopia

Vencida a primeira etapa de seu cronograma, tratou de executar o segundo capítulo de sua maratona. Valho-me das informações de *Caminhos de outrora* (SILVA, 1999), redigido de próprio punho pelo meu tio-avô, organizado e editado por Joaquim José de Oliveira, meu conterrâneo, amigo e colega de estudos.

Não encontrei no referido texto do colega Oliveira nenhum comentário ou explicação dos motivos por que Dr. Francisco Ayres da Silva só realizou a segunda etapa de seu ambicioso megaprojeto sete anos depois, em 1929.

Assim, no dia 16 de outubro de 1929, partiu do Rio de Janeiro, pelas seis horas da manhã, com um automóvel Chevrolet e um caminhão Ford, tendo como destino a cidade de Porto Nacional, então estado de Goiás. A longa e penosa jornada demandou quatro longos e sofridos meses. Nas páginas de *Caminhos de outrora* (SILVA, 1999), seu verdadeiro diário de bordo, não se encontra a menor reclamação ou arrependimento pela dureza dos obstáculos e/ou pela pouca boa vontade de seu pessoal contratado. Nas anotações e nos registros diários, sentem-se uma férrea determinação e um estoicismo a toda prova.

Com toda propriedade, pode-se dizer que o diário do Dr. Chiquinho é um verdadeiro rosário de dificuldades e obstáculos. Quando se verificam as mil peripécias de sua sofrida jornada, é inevitável lembrar os inesgotáveis percalços que impregnam os surpreendentes romances de Júlio Verne, como *A volta ao mundo em 80 dias* ou *A jangada*.

Dr. Chiquinho sabia perfeitamente o que queria e, por ter bem analisado e estudado seu projeto, em nenhum momento se mostrou desapontado ou surpreendido. Sabia muito bem o que teria pela frente. Manteve-se sempre firme em seu propósito e lutou bravamente até vencer todos os obstáculos.

Assim, no dia 16 de fevereiro de 1929, pela manhã, acabou chegando a Porto Nacional com o caminhão e o automóvel que adquirira no Rio de Janeiro. Foram esses os dois primeiros veículos motorizados a rodarem pelos cerrados do sertão goiano.

Não é difícil imaginar o poderoso impacto que esse feito produziu nos moradores do pequeno povoado de Porto Nacional. Quase com as próprias mãos, Dr. Chiquinho rasgou uma trilha por matas, cerrados, córregos, rios, riachos e alagadiços. Anotou e registrou a minuta da trajetória de um projeto possível e factível.Entretanto, seu grito e sua luta não conseguiram romper a apatia do poder central e centralizador. Só encontrou ouvidos moucos.

Tive a honra de conhecer esse meu valoroso parente na década de 1950, quando chegamos a Porto Nacional. Meu pai, sendo uma pessoa bem viajada e acostumado a estabelecer contatos e relações, na primeira sondagem que fizera na cidade, antes de para lá mudarmos, já entrara em contato com esse seu parente, de quem ouvira falar em sua família. E o chamavam carinhosamente de Dr. Chiquinho. Francisco Ayres da Silva formou-se médico no Rio de Janeiro pela Faculdade de Medicina e Farmácia, em 1899, com a tese de doutoramento *Da electrolyse medicamentosa nas artrites*.

Com o intuito de melhor servir sua terra, pleiteou e foi eleito deputado federal em três legislaturas consecutivas, de 1918 a 1926. Nessa condição, trouxe para Porto Nacional, em 1925, a primeira estação radiotelegráfica. Mais tarde, também uma estação meteorológica.

Com esse espírito progressista e no empenho de zelar pela saúde de seu povo, trouxe também para a cidade a primeira geladeira, movida a querosene e que tinha o objetivo de preservar vacinas, como a antivaríola. E, pelo seu empenho na profilaxia, recebeu da Academia Italiana de Palermo, Sicília, a medalha de mérito científico.

Inclusive, sou testemunha desse seu zelo missionário de cuidar dos corpos enfermos. Lembro-me claramente de, a mando de minha mãe, acompanhá-lo à nossa residência para acudir meu avô materno que jazia enfermo. Magrinho e de baixa estatura, já com pouca audição, recordo-me bem, ele já era, na década de 1950, um ancião octogenário. Mesmo assim, acompanhou-me, a pé, deslocando-se de sua residência, às margens do rio Tocantins, por umas 15 quadras, foi andando com sua bengalinha e seu aristocrático cavanhaque para visitar e medicar meu avô materno.

Perene gratidão ao dedicado e generoso tio-avô paterno!

2. Côco ou Nova Aurora, aurora da minha infância

Figura 2 – Uma mestra com muitas histórias para contar

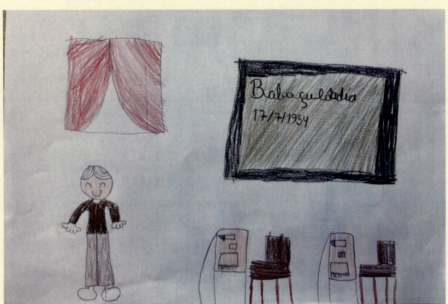

Fonte: desenho de Beatriz Mota Aires, 11 anos

A Babaçulândia da minha infância, pelos idos de 1940, era, na prática, o recorte de uma estrada bem larga e, literalmente, coberta por um só lençol de areia, muita areia, um tombador. Era uma areia bem fina e quase branca.

De um lado e de outro dessa estrada, uma só mata de babaçu. A majestosa palmeira-babaçu cobria todo o horizonte do que a vista podia alcançar. Exatamente aí está a origem do primeiro nome aplicado ao povoado.

Meu berço natal era exatamente nessa rua de Babaçulândia.

J. J. Leandro, em sua obra *Babaçulândia* (2008), relata que, em 1942, havia no povoado apenas cinco casas cobertas de telhas, como as de Henrique Brito e João Ribeiro. Tenho certeza de que uma delas era a nossa, pois, lembro-me claramente, na junção do telhado da parte posterior dele, possuíamos uma bica de folha de flandres. Quando caiam as chuvas de dezembro a fevereiro, a água despencava por aquela bica numa verdadeira "cachoeira".

Era exatamente ali que, por diversas vezes, podíamos tomar banho durante a chuva, colocando-nos bem embaixo da bica de água que jorrava gostosa, fria e pesada sobre as nossas cabeças. Aqueles banhos de chuva tinham um prazer todo especial.

Para nós, crianças, um dos maiores prazeres de nossa vida era tomar banho de chuva debaixo daquela bica. Nada, para nós, igualava-se ao prazer de nos enfiar debaixo daquela poderosa cachoeira, receber, ouvir e sentir as chicotadas da água sobre o casco de nossas cabeças. Por vezes, eram jatos tão vigorosos que precisávamos firmar bem os pés para não sermos jogados ao solo. Que banhos fabulosos!

E, aproveitando uma forte pancada de chuva, era uma festa para nós sairmos correndo pela rua, debaixo de chuva, em que a trilha entre as casas se tornava um pequeno riacho fluindo vigorosamente rumo ao rio.

Dava para simular barquinhos descendo velozes ao sabor das águas que abriam um leito pelas laterais da rua. Folhas maiores e pequenos ciscos ou finos galhos corriam velozes, torrente abaixo. Era como um jogo mágico ir açoitando as águas correntes com a sola dos pés. Raios circulares espargiam como cascatas que se erguiam do solo, em raios cristalinos e prateados. Era tudo uma beleza e uma felicidade só!

3. Babaçulândia, de currutela a polo turístico do Tocantins

Figura 3 – Rio, fonte de lazer e vida perene

Fonte: desenho de Pietra Madza Aires, sete anos

Quem hoje desliza seu veículo sobre o impecável asfalto das ruas de Babaçulândia, rumo à orla da praia, não faz a menor ideia da acanhada currutela dos anos 1940 que jazia por essas plagas como um tosco rubi incrustado por entre as raízes de uma vasta mata de babaçu.

Nos dias de hoje, o visitante ou o turista pode regalar-se com um saboroso banho em águas apaziguadas pela represa do Estreito e, ainda, saborear uma cerveja gelada, refestelado numa das muitas barracas que ali se encontram.

Quem resvala sua voadeira ou seu *jet-ski* sobre o vasto lago que o progresso ali estampou, nem faz ideia do cenário bucólico que reinava por essas bandas nos anos 1940.

Em vez do ronronar dos pequenos motores a diesel, nas altas ribanceiras que ali havia, quase diariamente chegavam e saíam potentes e imponentes barcos a diesel, bem como esbeltas lanchas a vapor com suas barcaças, penosamente transitando desde Belém do Pará até a longínqua Porto Nacional, cerca de 1.500 quilômetros rio acima.

Cada viagem dessas era uma verdadeira odisseia. Mesmo aproveitando as cheias do rio nas estações chuvosas, havia ainda alguns razios que não comportavam o calado de barcos e barcaças. Ferozes e mortais redemoinhos sugavam toda a potência dos barcos ou os limites da força humana para se sobrepor ao turbilhão das águas.

Em vez de despreocupados turistas, em trajes de banho, sofridos e suados marinheiros embarcando bagos de babaçu ensacados, carne, toucinho e desembarcando tecidos diversos, como a aristocrática casimira inglesa ou, até mesmo, as famosas xícaras do tipo casca de ovo, translúcidas e ornadas com belas gueixas, oriundas do longínquo Japão, ou o imprescindível "querozene Jacaré", como se achava estampado nas caixas de madeira, encerrando cada uma duas latas.

Em vez das músicas de balada entretendo banhistas, uma ou outra seriema matraqueando pelas estações de chuva, ou araras e papagaios desfilando em solenes e majestosas procissões aéreas, rio acima ou rio abaixo, saudando ou despedindo-se de mais um dia, nas ermas matas de babaçu.

E, quase todos os dias, à sombra de um arbusto ou na biqueira das modestas casas de palha, era possível observar um vivente sentado num tosco cepo de madeira com a ajuda de um machado e de um sólido cacete extraindo, ardilosamente, do hermético ventre de um coco-babaçu as generosas amêndoas que ali se aninhavam.

Naturalmente, esse modesto trabalho caseiro, então, não tinha os propósitos comerciais de hoje. Era apenas a exploração do abundante recurso natural para, na dieta então rigorosa da Semana Santa, garantir uma alimentação alternativa ao consumo da carne vetado no tríduo sagrado da Paixão e morte de Jesus Cristo.

Essa atividade poderia também ser a busca do óleo do babaçu para alimentar as lamparinas ou candeeiros que garantiam a precária iluminação das noites de Babaçulândia ou, simplesmente, moer ao pilão as amêndoas para obter o suculento leite de coco, valioso condimento para temperar o modesto peixe, pacu ou o vistoso surubim ou o tucunaré ou, até mesmo, dar um requinte mais suave à agreste carne de paca ou dum tatu bem temperado.

E o que dizer das madrugadas do Coco ou Nova Aurora, em que zelosas fiandeiras açoitavam com suas leves e firmes varetas do maduro pendão da cana suas almofadas com alvas plastas de algodão? Mal o sol raiava, de uma a outra ponta da rua do Coco ecoava pelas matas de babaçu o rufar das almofadas das fiandeiras, num desconcertante dueto com os coloridos gorjeios dos prestativos galos anunciando novas auroras na pacata Babaçulândia.

As dedicadas e competentes fiandeiras precisavam aproveitar a quietude e o frescor do dia para aprontar flocos de algodão, donde mãos habilidosas extrairiam rolos e rolos de fio que, logo mais, transmutar-se-iam em vistosas e coloridas redes ou preciosas cobertas para amparar do frio eventual ou, ainda, os indispensáveis sacos, embornais ou gongós.

4. Babaçulândia: o despertar de um povoado

Figura 4 – O sol se ergue no povoado, por trás dos montes

Fonte: desenho de Pietra Madza Aires, sete anos

À altura de Babaçulândia, a majestosa palmeira-babaçu cobre todo o horizonte do que a vista pode alcançar.

Pode-se traduzir bem a importância dessa palmeira parafraseando Heródoto: "Babaçulândia é uma dádiva do babaçu!" Para realçar mais ainda o valor e a importância dessa palmeira, acrescentaria mais uma paráfrase, agora, do filósofo alemão Karl Marx: "Não foi o homem que originou o babaçu; foi o babaçu que originou o ser humano que habita as paragens cobertas por essa vegetação!"

A parte mais nobre, preciosa e rica do coco-babaçu são suas amêndoas. Delas se obtêm três fontes de alimentação. Por ordem de importância, a primeira é o óleo que se consegue moendo de maneira intensa suas amêndoas já completamente secas. Nessa primeira etapa do processo, já resulta o leite – leite de coco.

Àquela época, o leite era aproveitado no cozimento final do peixe. Tenho vaga recordação de ter comido carne de paca, tatu ou peba temperada com esse oleoso leite de coco-babaçu. Servia, decerto, para atenuar o cheiro e o odor fortes dessas carnes de animais silvestres.

Ecoava por aquelas bandas do Tocantins um ditado: "Quem manda aqui sou eu e padre João de Boavista!"

Na verdade, ouvi do tio Henrique que aquele presbítero fora autorizado por seu bispo a passar uma temporada no povoado de Boa Vista dando assistência a seus pais adoentados. Acontece que os anos foram passando e o jovem padre parece que se esquecera de retornar à sua sede original. Nesse meio-tempo, foi criada a Diocese de Porto Nacional, e a cidade de Boa Vista passou a integrar a circunscrição da nova diocese.

Já como segundo titular dessa diocese, o jovem e disciplinado bispo francês, Dom Alano, convocou seu ignoto presbítero.

O zeloso bispo expediu um telegrama convocando o arredio padre para sua circunscrição eclesiástica. Muito cioso de sua liberdade e autodeterminação, ele respondeu, rispidamente: "Aqui estou, aqui fico". Ao que o antístite respondeu: "Fica, porém, suspenso!" E ficou mesmo.

A verdade é que, naqueles velhos tempos e no sertão brabo daquela época, quem estava ligando se seu vigário era casado, solteiro, amancebado ou viúvo, autorizado ou suspenso? Que importavam essas filigranas do direito canônico que só os eclesiásticos conheciam?!

O que o jovem e idealista bispo francês ignorava é que, naquele sertão de Goiás, o velho padre João exercia um poder tal que, por aquelas bandas, padre João era juiz, bispo e governador. Nas redondezas, todos sabiam que ele era a lei e o poder. O que importava um desconhecido decretozinho de um jovem bispo? Padre João sabia que ninguém poderia afetá-lo. Se no Ceará quem mandava era padre Cícero, em Goiás, quem mandava era padre João. Tinha muitos capangas sob suas ordens.

Decerto, padre João desejava impor sua liderança tanto no campo religioso como no político. E não teria sobrevivido no clima de acirramento vigente sem montar uma infraestrutura sólida que o garantisse diante de todos os reveses. Pessoalmente, sou testemunha desse clima político conflituoso que dominava todo o estado de Goiás.

5. O dia a dia na currutela de Babaçulândia

Figura 5 – O povoado acorda para um novo dia

Fonte: desenho de Micaela Aires Medeiros, 10 anos

Mal raia o dia, apontam, lá para as bandas do porto principal, um ou outro pescador. Abatidos pelo cansaço de uma noite de labutas e pelo magro fruto de seu trabalho, eles retornam para suas casas. Depois de uma longa noite de dura peleja, vêm trazendo apenas meia dúzia de enfiadas de cruvina e pacu. Toda a noite de pesca e espera lhes rendeu pouco mais de uns 30 pescados.

Enquanto isso, em sentido contrário, as donas de casa, com seus potes vazios sobre rodilhas no topo da cabeça, avançam em busca d'água no rio. Já outras, com grandes trouxas de roupa, marcham apressadas para o porto das mulheres. E, ao mesmo tempo, uma fila intermitente de moradores do povoado, de homens, mulheres e crianças, caminha em direção ao rio para tomar um banho matutino ou, simplesmente, passar uma água nos olhos.

É claro que os homens dirigem-se para o ponto de atracamento de motores, lanchas e canoas. Mulheres e crianças seguem para o porto das mulheres. Esse estratégico local fica pouco além de uma pequena curva do rio. Naquela altura, erguem-se uma frondosa gameleira e um majestoso pé de cajá, circundados por uma cerrada cortina vegetal, indevassável a olho nu. Ali ficava o porto das mulheres.

Bem na orla d'água, ergue-se um pequeno razio com o afloramento de um punhado de pedras chatas, que servem para as mulheres acomodarem suas trouxas e grandes bacias de roupa suja ou seu vasilhame e, também, para ensaboar e socar a roupa.

Margeando o rio, há ainda um vasto e espesso lençol de arbustos e caniços que se prestam para estender a roupa lavada para secar. Além disso, protegidas por aquele anteparo vegetal, mulheres e crianças podem desfrutar de um banho sem serem bisbilhotadas por despudorados olhares masculinos.

6. Uma rotina no porto de Babaçulândia

Figura 6 – O dia a dia às margens do Tocantins

Fonte: desenho de Pedro Mota Aires, 12 anos

Um pouco mais tarde, em passo compenetrado e cabisbaixo, chega também ao porto o motorista mecânico Casimiro. Casimiro era um maranhense que se iniciara na preciosa e rara arte da mecânica de motores a diesel, lá para as bandas de Porto Franco, hoje Tocantins. Envergava seu macacão azulado, estampado de escuras manchas de óleo e graxa.

Logo vence a prancha de acesso ao imponente motor, atracado logo no barranco do rio. Ao desembarcar a mercadoria procedente de Belém, o motor deveria seguir rumo a Carolina e Porto Nacional. Mas, mal aportara, apresentava uma falha no seu sistema elétrico, que só os afinados ouvidos de Casimiro conseguiam perceber.

Esse motor pertencia ao senhor João Ribeiro de Oliveira, o maior comerciante de "secos e molhados" da cidade de Carolina, Maranhão.

A molecadinha que por ali rondava, sabendo que o motorista era uma pessoa séria e de pouca conversa, para lhe chamar a atenção e incomodá-lo, gostava de pilheriar e insultar: *"João Ribeiro de Oliveira, come o mel e deixa a cera no buraco d'aroeira!"*

Mas, absorto na investigação do problema de sua máquina, Casimiro ignora os debochos da meninada, e continua investigando e vasculhando os cabeçotes e os pistões que, movidos por disparos elétricos, agitam nervosamente suas bielas e manivelas.

Atraído por aquela magia de uma máquina quase falante, tenho os olhos pregados nos dispositivos saltantes como grilos mecânicos. Fitando nas engrenagens regurgitantes e nas mãos mágicas daquele quase sobre-humano ser, e anestesiado por aqueles prodígios, divago num mundo de encantamento. Que estranha mágica faz o senhor Casimiro para disparar loucamente aquelas engrenagens articuladas, marcando passo como um disciplinado exército em marcha! Pistões e bielas, em marcha ritmada, emitem ondulantes vibrações sonoras que envolvem de encantamento todo o meu ser.

Agrada-me ficar ali paralisado e ouvir aquele metálico batuque: tique-taque-taque-taque; tique-taque-taque-taque.

As marteladas se sucedem. Algumas vezes aceleram; outras vezes se amortecem e entram em marcha lenta: tique-taque-taque-taque; tique-taque-taque-taque.

Para meus olhos encantados, aquilo tudo era uma maravilha que eu bem que gostaria de estar comandando!

7. Uma alvorada equina às margens do Tocantins

Figura 7 – Caçula Davi no sítio de tio Elpídio, em 1989

Fonte: foto do autor

    Nosso pai possuía à beira do belo rio Tocantins uma quinta com abundante pastagem, onde mantinha duas ou três montarias. Ela tinha a finalidade prática de facilitar nosso acesso ao sítio dos nossos avós. Lembro-me, com terna saudade, das vezes em que, tendo eu conseguido levantar ao clarear do dia, acompanhava-o e ajudava-o a levar ao rio e trazer de volta à quinta aqueles bichos que mantinha pastando naquele cercado.

    Só recentemente vim a saber que nosso pai – talvez por ser, no povoado, o mais viajado e com melhor desembaraço nas letras – assumira, em 1934, por nomeação, o ofício de subdelegado no povoado Nova Aurora (na Figura 8, o fac-símile da sua apostila de nomeação).

Nosso pai apreciava muito declamar os nomes de suas montarias compondo em versos rimados. Dava a impressão de que pretendia ter todos aqueles bichos com aqueles nomes. Cada um deles tinha seu nome descrito nesse poema. Por ordem, os nomes eram: "Passarinho, Pensamento, Correnteza, Corisco, Gavião. São todos animais de sela, peados do pé pra mão...".

Muito caprichoso, papai, periodicamente, lavava todo o pelo dos animais, dizendo que isso os deixava mais saudáveis. De fato, eles me pareciam muito contentes e exuberantes com o banho. Agitavam a cauda e balançavam as cabeçorras alvoroçadas, assoprando pelas narinas vapores-d'água.

Encerrado o ritual do banho matutino, puxando-os pelo cabresto, cabia-nos levá-los de volta ao pasto. Ao saírem da água, estacavam rapidamente e, contraindo e agitando de forma brusca todo o seu dorso, da cauda às orelhas, sacudiam fortemente toda a água que escorria de seu lombo.

Evocando esse cenário, lembro-me de que um vapor-d'água se erguia de seus dorsos e, desprendendo-se ondulante, refratava os primeiros raios do Sol, conferindo ao cadenciado de seus passos firmes a aura fantasmagórica de uma alvorada equina.

Quase ainda sinto aquele cheiro de pelo molhado, temperado com os odores equinos que eles desprendiam de seus corpos molhados e aquecidos.

Figura 8 – Arquivo da família

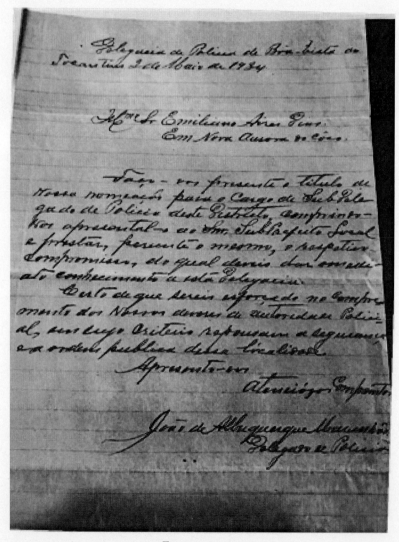

Fonte: o autor

8. Agruras de um oficial artesão, sem parcerias, Mestre Miliano

Figura 9 – O gênio inspirador do artesão a tudo preside!

Fonte: desenho de Caio Aires Medeiros, sete anos

O oficial celeiro dos anos 1940 não tinha parcerias nem terceirizados. Ele tinha de ser o factótum. Para os padrões da época, era um verdadeiro mestre ou doutor no assunto na matéria confecção ou fabricação de arreios. Naquela época, esses artesãos que dominavam todas essas técnicas eram, com razão e justiça, chamados de mestres. Não me esqueço do orgulho e do prazer que eu sentia quando notava que os que conheciam mais de perto meu pai o chamavam de mestre: "Mestre Miliano, como tem passado?"

Um arreio completo, seja ele sela de passeio, viagem, seja de traquejo de animais domésticos, em geral, compreende: gualdrapas, cilha, cincha, barrigueira, estribos, rédeas, cabeçada, rabicho, peitoral, todos trabalhados com caprichosos desenhos artisticamente combinados decalcados no couro curtido, produzindo as mais variadas formas gráficas. Todas essas peças incluem, além dos componentes em couro, as peças de metal, geralmente ferro e latão. Algumas delas, excepcionalmente, se o freguês encomenda e pode pagar, podem ser, inclusive, de prata. Naturalmente, esses adereços decorativos são de antemão combinados e acertados com o freguês na hora em que faz sua encomenda.

E o que dizer das complicações envolvidas na arte de produzir uma carona toda em couro desenhado, em alto-relevo, com suas bolsas e divisórias internas tão úteis para conduzir uma roupa de viagem ou uma rede e coberta ou documentos pessoais, necessários a um viajante? Toda a área destinada ao assento da montaria, em sua forma mais artística, vem recoberta de desenhos em alto-relevo, e ele é todo preenchido com algodão, que deve ser enfiado pelo avesso, na fase de confecção da peça artística. A essa altura, é ainda interessante descrever a fabricação de polainas, também chamadas de caneleiras.

Quem viaja por longas distâncias em lombo de animal sabe o quão importante é proteger as pernas – do joelho para baixo – com um calçado, tanto do suor corrosivo do bicho quanto dos cipós unha-de-gato e/ou outros arbustos de espinhos e, até mesmo, do ataque eventual de algum animal peçonhento que esteja de prontidão, postado à beira de um barranco em uma estrada ou trilha agreste.

Os próprios vaqueiros daquela época, que tinham de rasgar matas, espinheiros ou cipoais no encalço de uma rês tresmalhada ou fugitiva do bando, estavam sempre revestidos e amparados pelas suas perneiras e gibões.

Por todas essas circunstâncias, as polainas de couro curtido eram bastante requisitadas e encomendadas a profissionais competentes como nosso pai. Ainda me recordo do processo completo de fabricação desses artigos. Uma vez escolhido o couro curtido e bem encorpado, precisa-se de uma fôrma de madeira, a exemplo da fôrma de confeccionar sapatos. É uma peça inteiriça de madeira, talhada no formato de uma canela humana. Tem tamanho e diâmetro padronizado. Conforme a estatura e a compleição do freguês, é possível aumentar ou diminuir tamanho e diâmetro, acrescentando-se uma ou mais capas de couro sobre a fôrma até se atingir o diâmetro desejado. Concluída essa adaptação da fôrma aos padrões do freguês, parte-se para a fase de execução da peça em questão.

O primeiro passo consiste em impregnar bem a peça de couro com água. Cortada a peça de couro nas dimensões aproximadas, coloca-se sobre a fôrma e prende-se uma das extremidades da peça sobre o molde com tachinhas. Em seguida, vai-se tracionando o couro, usando para isso as próprias mãos, martelo ou um bom alicate. À medida que a peça de couro vai-se ajustando bem sobre a fôrma, vai-se aplicando marteladas e fixando mais tachas, em posições adequadas, para que o couro adira perfeitamente ao formato e ao desenho da fôrma. Isso feito é só deixar que a peça seque. Nesse ponto, já se podem retirar as tachas aplicadas e a peça ficará moldada. Pode-se então retirar a peça de sua fôrma e proceder aos acabamentos finais. A forma moldada permanecerá inalterada enquanto durar o material.

O acabamento final das polainas consiste em um dispositivo que permita fechar a abertura frontal delas, prendendo-as firmemente nas canelas depois de havê-las calçado. Existiam diversas soluções para esse problema.

A escolha de uma delas dependia apenas do gosto e da preferência do freguês. Pelo costume, esses detalhes eram acertados com o cliente no momento da encomenda. O freguês também definia se queria em cor preta ou natural. Recordo-me de que meu pai sempre explicava aos clientes que só havia um artigo de couro de que ele não recebia encomenda: era a roupagem de couro dos vaqueiros.

Esse item, deduzo, não entrara nos conteúdos de sua aprendizagem. Por se tratar de um artigo muito específico, não me recordo de ter visto meu pai trabalhando qualquer peça desse conjunto de vestimenta de couro.

Descrever as mil diversas atividades e facetas da arte de um seleiro na primeira metade do século passado equivale a descrever uma verdadeira e complexa arte. Se nós estamos falando do sertão brabo de 1900 a 1950, falamos de um mestre que produz todo o material envolvido em sua arte.

Naqueles tempos, as peles silvestres eram encomendadas e adquiridas diretamente do caçador. E havia uma grande variedade de caçadores: aquele especializado na caça da onça-pintada, contratado pelos fazendeiros para proteger suas reses, e os que viviam da carne dos mais diversos animais silvestres – desde o simples tatu e o peba do carrasco até o veado-galheiro, catingueiro ou mateiro.

Quando eles não apareciam no "comércio" ou povoado, como naquela época se chamava, era preciso ir ao encontro deles no sertão, em viagens de uma a duas semanas, procurando e comprando as mais diversas espécies de peles de animais silvestres, naturalmente, todas em estado bruto, sem nenhum tratamento.

Recordo-me de, na minha infância, ter acompanhado papai numa ou noutra dessas viagens em demanda de peles silvestres.

Depois de obtidas todas essas peles, elas precisavam ser curtidas. Entretanto, não existiam, pelo menos nos sertões do Norte do Brasil, curtumes.

9. Uma ilustre matriarca: Prof.ª Maria Madalena Dias de Oliveira

Figura 10 – Uma mestra com muita sabedoria para partilhar

Fonte: desenho de Giovanna A. M. Aires, seis anos

Nos santos evangelhos, Jesus nos ensina: "Pelos frutos vós conhecereis a árvore!" (Mt 12,33). Não tive o privilégio de conhecer minha avó paterna, nem fotografia dela cheguei a ver, mas se sou e cheguei aonde cheguei o maior mérito é dessa avó.

E digo isso por dois motivos: formação religiosa e formação humana. A formação religiosa, porque as práticas que tenho absorvi de meu pai que, decerto, recebeu-as de sua mãe, professora Maria Madalena Dias de Oliveira. Desde pequeno, fui introduzido nas orações e na fé pelo desvelo de meu pai. Considerando que éramos três filhos, quantos dias e horas ele não dedicou a nós para nos passar o que recebera de sua mãe?

O gosto pelo estudo e a busca de uma vida mais humana e de progresso, certamente, também foram legados que ela nos deixou. Nessas diretrizes básicas, percebe-se a presença da concepção clássica dos monges beneditinos: *"Ora et labora!"* – trabalho e oração.

Hoje, refletindo e analisando as linhas mestras que sempre regeram a vida e a caminhada da família do "Miliano", vejo que foram exatamente estas duas que sempre nos guiaram: a oração e o trabalho; o trabalho e a oração!

E, pelas informações que tenho, acredito que esses dois princípios eram exatamente as diretrizes vividas por nossa avó paterna, a professora Maria Magdalena. A minha própria mãe integrava esses valores em sua vida. Lembro-me bem de que gostava de comentar com suas amigas e comadres: *"Serviço de menino é pouco, mas quem não aproveita é louco!"*

Quanto ao clima e à atitude fundamental de religiosidade e fé, aprendi, desde pequeno, que quando nos sentamos à mesa devemos nos lembrar de que esse é um lugar sagrado. Nossos pais sempre nos ensinaram que os anjos de Deus estão sempre em volta de uma mesa em que duas ou mais pessoas se assentam para alimentar o corpo. Nossos pais nunca admitiam que nos puséssemos à mesa sem camisa. Isso denotava uma grande falta de respeito para com o caráter sagrado do local. Ali sempre presidem os anjos de Deus. Até hoje, sempre me incomoda alguém sentar-se à mesa sem camisa. Isso me incomoda e muito. Tenho sempre o sentimento de que a pessoa que faz isso é um ser estouvado, primitivo e obtuso para o caráter sagrado da humana refeição!

Nunca tive coragem de me assentar à mesa sem camisa! Em casa, desde bem pequenos, junto à prática religiosa diária, depois que tínhamos cumprido nossas tarefas escolares, tínhamos de ajudar nossos pais. A norma que sempre prevalecia era repetida frequentemente pelos nossos pais: primeiro a obrigação, depois a devoção. No caso, era bem claro que obrigação compreendia o trabalho e a oração. Já a devoção era o lazer que nos era facultado depois de termos cumprido nossas obrigações.

Sempre que me vêm à mente os antigos missionários, recordo-me de minha avó paterna, professora nos brabos sertões de Goiás. Naqueles tempos, nos pontos de desobriga, a professora ou o professor, se houvesse, eram os que cuidavam da acolhida ao padre. Eram eles também que preparavam as crianças e mesmo os adultos com a catequese necessária para o recebimento dos sacramentos.

Vovó Magdalena, tenho certeza de que o benevolente e misericordioso Pai celestial a acolheu numa moradia celeste muito luminosa, cheia da glória e paz celestial. E, para enaltecer essa minha gratidão, em paráfrase, recorro a meu poeta preferido, Luís de Camões: "Se lá, no etéreo assento onde subiste, memórias dessa vida se consente, não te esqueças, querida vó Madá, de que teus netos Aires Virgolino tua memória sempre honrarão!"

10. Porto Nacional, quase Porto Imperial

Figura 11 – Frontal da Igreja matriz de Porto Nacional. Obra dos missionários dominicanos franceses

Fonte: foto do autor

Ouvi das pessoas mais idosas de Porto Nacional que as pedras dos paredões do templo foram arrastadas em canga de bois e arrancadas dos lajedos das redondezas. No pé da obra, participaram todas as famílias do lugar que carregaram pedra ou tijolo no ombro ou na cabeça. Foi uma obra construída por um mutirão comunitário, como era um forte costume da época.

Todos os detalhes desse belo templo são de elegância e majestade. Seu grandioso frontal está voltado para o rio Tocantins, num mudo gesto de solene contemplação. A viseira erguida do templo, do alto de seus três pavimentos de enormes janelões arqueados, em feições de religiosa austeridade, parece conferir inimigos disfarçados sob o argênteo espelho das águas do rio Tocantins que rasteja aos seus pés. E, embora submisso, o venerável ancião, o Tocantins, parece também esnobar das pretensões de tão inexperiente guardião. É como se o rio, em paráfrase, estivesse invertendo aquela solene declaração de Napoleão Bonaparte comentando sobre as pirâmides do Egito: "Tocantinenses, do bojo de minhas águas revoltas milhões de anos vos contemplam!"

Deixemos de lado essa inútil querela entre o rio e a catedral. O modesto peregrino que se deliciava em colher flores dos jardins por onde vagou aprecia bem mais, no momento, descrever alguns preciosos instantes que povoam seu repertório de octogenário. Começando pelos mais antigos. Ainda ecoam dentro de mim relatos de assombração que ouvi dos nativos portuenses.

As narrativas mais fortes descreviam velhos moradores voltando de uma pesca distante no lusco-fusco da noite ou de um anônimo cabaré que, quando passavam entre a catedral e o rio, viam deslizar, sob as sombras de duas imensas mangueiras, reluzentes e vaporosas criaturas. Vislumbradas de longe, pareciam altercar numa confusa e obscura discussão. Todavia, quando eles se aproximavam mais do evento, eis que tudo se diluía e mergulhava num silêncio sepulcral.

Outras vezes, algum viandante, retornando do baile no bar do Caé, lá pelas três da madrugada, avistava a igreja toda iluminada e com as portas todas fechadas. Lá dentro, ouviam-se preces murmurantes e penitentes. Pareciam entoar confusas ladainhas e obscuros hinos religiosos. Entretanto, de repente, tudo se apagava e tombava num silêncio cortante.

Na década de 1950, antes da implantação da rodovia Belém-Brasília, quem percorresse as ruelas de Porto Nacional tinha a sensação de ter despencado do túnel do tempo e caído num povoado do ciclo da mineração, no século XVIII, em plena vigência do Brasil Imperial!

O casario colonial das ruelas estreitas e tortuosas, apesar de seu porte majestoso, seus frontões elevados, mas com evidentes sinais de ruína; o próprio espreitar desconfiado dos nativos, tudo nos remetia a um tempo silencioso e distante, envolto em sombras.

Os beirais do casario, alongados por soberbas cornijas, pareciam guardiões de um passado que teimava em se agarrar às nesgas de um presente vazio de esperanças e projetos de vida.

O porte nobre de seus paredões atestava a condição relevante de seus proprietários. Ali residiam descendentes de coronéis de patente.

De um desses remanescentes, pude ouvir o relato de como se davam as investiduras desses coronéis de outrora.

Antes de tomar o vapor no Rio de Janeiro que o traria de volta a Porto Nacional, passando por Belém do Pará, o novo figurão portuense teve o capricho de despachar pelo telégrafo o seguinte comando: "Prepare festa e recepção, comprei patente e cinco galão!"

Aguçando a sensibilidade, seria quase possível captar no silêncio das ruas o turbilhão de paixões e conflitos que agitaram a vida dos antepassados dos pacatos habitantes de hoje.

Ruas sinuosas sem nenhum calçamento nem iluminação pública ou água encanada. Aqui e ali, olhares furtivos espiando pelas frestas dos janelões qualquer visitante de feições desconhecidas naquelas paragens. De quando em quando, era possível deparar-se com um ou outro "mouco" tranquilamente instalado no alto dos calçadões que amparavam o frontal das vivendas dos coronéis.

11. "Procissões" de caju e manga na centenária Porto Nacional dos anos 1950

Figura 12 – O longínquo passado espreita nas dobras do presente

Fonte: desenho de Giulia A. M. Aires, nove anos

Pelos anos 1950, Porto Nacional era pouco mais que uma modesta currutela. Nos meses de outubro e novembro, pico da safra do caju, da manga e do buriti, no lusco-fusco do amanhecer, emergia pela rua da capelinha uma estranha "procissão"! Um magote de mulheres do povo e um bando de rapazinhos, de seus 12 a 14 anos, em fila indiana, tomavam o rumo do "Mato Escuro", a fazenda dos padres! Eu mesmo participei de uma ou outra dessas investidas. A distância era, talvez, menos de 10 quilômetros. Partia-se com a barra do dia e se retornava já no lusco-fusco da tarde!

Ninguém se preocupava em se prevenir de alimentos, pois era exatamente esse o intento da procissão. Toda a subsistência de um dia lá estava suspensa nas pontas dos galhos ou já repousando sobre um acolchoado de folhas secas. Amarelas, douradas ou avermelhadas, do alto ou de baixo, elas exalavam um suave e apetitoso odor.

As primeiras levas de "peregrinos" buscavam mangas sempre abundantes e garantidas na fazenda dos padres. Por serem mais raros e dispersos, a "caçada" dos buritis era feita numa incursão posterior. É que, no próprio percurso dessa primeira investida, já se passava em territórios mais alagadiços e ocupados pelos buritizais. Os ávidos coletores iam observando se os buritis já estavam caindo. É preciso observar que os buritizais são nativos, por isso mesmo esparsos e dispersos por toda a região alagadiça. Além disso, a coleta dos frutos do buriti se restringe aos que se desprenderam de seus cachos. São sempre recolhidos no chão.

Já os manguezais são produto da indústria humana. Assim, eles se encontram circunscritos em pontos bem definidos.

As pessoas levavam latas, sacos e bacias vazios. Logo ao entardecer, a mesma "procissão" irrompia lá das bandas do ribeirão, com as pessoas envergadas e cansadas, sob o peso de suas preciosas cargas.

Rememorando hoje esse cenário, lembro-me do que diz o Salmo 126,6: "Quem sai andando e chorando, enquanto semeia, voltará com júbilo, trazendo os seus feixes". Um ou outro levara algum alimento. A maioria se contentava em se empanturrar de manga durante todo o dia!

Todos sabiam que nos varjões da fazenda dos padres havia um vasto manguezal. Era do conhecimento de todos que os padres não punham nenhum reparo a essa invasão de "gafanhotos".

Sem dúvida, os pródigos e previdentes missionários dominicanos tinham plantado uma grande variedade de mangas de espécie variadas. Os manguezais se tornaram uma fonte inesgotável de belas e saborosas mangas.

Mais tarde, quando ingressei no seminário, nunca mais participei das peregrinações ao Mato Escuro, em busca de manga. A manga pode ser consumida quando madura. Mas há ainda duas outras formas de aproveitamento desse valioso fruto. Quando ainda verdes, as mangas podem ser cozidas, com casca e tudo, e depois de esfriar o suficiente, remove-se facilmente a casca. A polpa é removida raspando com uma colher. Depois de devidamente peneirada, a massa obtida é fervida em panelões ou em tachos de zinco. Adicionando-se leite e açúcar, ferve-se a massa até o ponto certo e no gosto preferido. Esse doce tem um leve sabor azedo.

Há ainda mais uma forma de se aproveitar as mangas que caem no chão. Elas são recolhidas e, depois de bem lavadas, devem ser guardadas num saco de estopa, fora da moradia, suspenso em um galho de árvore, por exemplo. Depois de alguns dias, todo o material exposto ao sol e ao ar livre entra em putrefação e se metamorfoseia em licor, que deve ser recolhido numa vasilha adequada. Aí está mais um licor que, além do de jenipapo, naquela época, encontrava-se em quase todas as famílias bem organizadas.

Joarez Virgolino Aires

12. *"Andiamo passeggiare per il bosque!"*

Figura 13 – Amigos vagam pelos bosques

Fonte: desenho de Amanda Aires Medeiros, 10 anos

Ainda estava eu no Seminário Menor, pelos anos 1950, quando a primeira turma dos padres italianos Orionitas chegou a Porto Nacional. Estavam passando rumo a Tocantinópolis. Anos mais tarde, ficamos sabendo que dois deles se afogaram no rio Tocantins.

Enquanto aguardavam algum transporte rumo a Tocantinópolis, eles permaneceram hospedados conosco, no velho convento dominicano. Todas as tardes, após o jantar, eles convidavam os seminaristas para dar uma volta pelas redondezas da cidade. Foi então a primeira vez que ouvi algumas palavras em italiano. Eles, invariavelmente, convidavam-nos dizendo: *"Andiamo, passeggiare per il bosque!"*

Nessa época, um ou outro velho caminhão cruzava as ruas da cidade. O aeroporto ficava pouco acima da atual praça do Centenário. O pequeno povoado de Porto como que repousava ou dormitava suavemente às margens do belo e soberbo Tocantins. O pequeno povoado era quase uma simples currutela. Visto do alto, de alguma aeronave, dava a impressão de um veículo espacial que o tempo esquecera, pousado num cerrado goiano!

Em torno da pequena abertura habitada, o cerrado goiano circundava toda a cidade num abraço de folhas e frutos. Bastava afastar-se um pouco da praça do Centenário para encontrarmos uma bela variedade de frutas nativas, como o cajuí, a mangaba, o bacupari, murici, cagaita etc.

Aí está por que os padres italianos apreciavam convidar-nos a *"passeggiare per il bosque!"*

13. Reminiscências da fazenda dos dominicanos de Porto Nacional

Figura 14 – Doces memórias de um passado sempre presente!

Fonte: desenho de Giovanna A. M. Aires, seis anos

    Todo o amplo espaço da frente da propriedade era pontilhado por alguns pequizeiros e dominado por um vasto manto de espessa malva rasteira, onde equinos e bovinos, na estação das chuvas, gastavam horas a fio recolhendo as tenras e macias folhas como suplemento de sua refeição diária. Entre eles se destacavam as mulas para as desobrigas dos padres e do próprio bispo.

    Por toda a vasta extensão do pátio, disseminavam-se sorrateiramente ilhotas da ervinha rasteira que denominávamos "maliça".

Essas traiçoeiras criaturinhas agradam e cativam nossa vista, com suas sorridentes e coloridas florinhas, mas não poupam a sola dos pés de quem pisa nelas.

Elas rastejam sobre o solo, como que oferecendo um belo e suave tapete para nossos pés, mas logo abaixo de cada inocente folhinha há um sólido e sorrateiro espinho que sabe proteger a aparente fragilidade do vegetalzinho.

Ao relento, elas se apresentam acolhedoras, simpáticas e belas. Entretanto, logo que levemente tocadas são desmascaradas. Sem escrúpulos, dobram suas folhas e deixam à mostra espinhos miúdos e fortes que penetram facilmente até mesmo a sola de pés pouco traquejados ao solo.

Logo depois da cerca da frente da propriedade e ao longo dela havia uma fileira de pés de sapoti. Essas frutas de forma arredondada e casca de tonalidade marrom-clara, pela aparência, lembram o jenipapo, só que bem menores. E enquanto o jenipapo tem um sabor profundamente ácido, o sapoti é intensamente doce, agressivamente doce. Quando já estávamos de barriga cheia o classificávamos de "infarento". Entretanto, nos momentos de agressiva fome, pode-se dizer que disputaríamos a tapa cada uma daquelas frutinhas.

Um pouco além da "comissão de frente" dos sapotizeiros, elevava-se a soberba copa do manguezal, que dominava a linha do horizonte e bloqueava a visão do Tocantins que desfilava, majestoso e imponente, nos limites da propriedade.

Algumas daquelas mangueiras ostentavam vastos e soberbos troncos quase centenários. A maioria delas era de manga comum. Umas mais doces outras bem azedas. Havia também alguns pés de manga-espada e manga-de-leite. São assim chamadas porque, logo que retiradas de seu talo original, deixam escorrer um abundante leite esbranquiçado e viscoso. Havia ainda, na variedade manga, poucos e raros pés de manga-rosa. São assim denominadas porque amadurecem ostentando um progressivo avermelhado no bojo de suas cobiçadas e raras frutas.

Nesse conjunto de fruteiras, destacavam-se alguns exóticos pés de fruta-pão. Havia dois tipos de fruta-pão: o de massa e o de caroço. Essa exótica fruta assemelha-se a uma jaca, só que de menor porte.

Pela aparência externa lembra também a pinha da araucária ou a própria jaca. Mas o que caracteriza a fruta-pão é sua massa esbranquiçada de sabor levemente adocicado.

A massa da fruta-pão lembra o inhame, quando cozido. No próprio quintal do seminário, tínhamos também alguns pés, das duas variedades.

14. Como era a antiga sede "Mato Escuro"?

Figura 15 – Fazenda infantil povoando imaginações

Fonte: desenho de Giovanna A. M. Aires, seis anos

A antiga sede da fazenda dos dominicanos era constituída de dois blocos de construção modesta. Num deles ficava o zelador ou vaqueiro. No outro se abrigavam padres e, posteriormente, seminaristas. A antiga sede que conheci tinha, logo na entrada, um envelhecido cruzeiro lavrado em madeira de cerne. Apresentava-se com as faces já carcomidas pelo sol e pelas chuvas dos muitos janeiros que, decerto, já lhe pesavam sobre os ombros. E, para não deixar dúvidas de que sofria o desgaste dos muitos anos, apresentava-se fortemente inclinado para o lado esquerdo.

Muitas vezes, contemplando o pôr do sol para além do velho cruzeiro, tentei recolher as mensagens que a silenciosa e desgastada velha cruz teria a me dizer. Logo me ocorreu que o próprio bispo, Dom

Domingos Carrerot, ao plantar ali aquele símbolo de fé, quem sabe, imaginara repercutir o que, 500 anos antes, fizera frei Henrique de Coimbra. Como talvez nenhuma casa ali houvesse, logo que escolheu aquele sítio, sem dúvida, deve também ter ali celebrado uma missa de posse e ação de graças. Pelos comentários e pelas informações que colhi de frei José Audrin, em seu livro *Entre índios e sertanejos do norte*, frei Dominguinhos vinha de uma família de proprietários rurais. Eis alguns dos motivos: primeiramente, tinha excelente domínio de montarias e, segundo: foi ele mesmo que adquiriu numerosas juntas de bois que foram imprescindíveis para o transporte de todo o material necessário para a construção da catedral de Porto Nacional. E, decerto, foi também ele que adquiriu as mulas apropriadas para as longas jornadas de desobriga que os missionários faziam pelos chapadões e pelos cerrados do norte goiano.

Entendia muito bem de bovinos, pois, pessoalmente, cuidou de aprimorar a raça dos animais que adquirira. Dono de excelente tino prático e administrativo, compreendia que as constantes viagens de desobrigas dos diversos missionários dominicanos demandavam uma boa e adestrada tropa equina. Todo o amplo espaço da frente da propriedade era pontilhado por alguns pequizeiros e dominado por um vasto manto de espessa malva rasteira, onde equinos e bovinos, na estação das chuvas, gastavam horas a fio recolhendo as tenras e macias folhas como suplemento de sua refeição diária. Entre eles se destacavam as mulas para as desobrigas dos padres e do próprio bispo.

Por toda a vasta extensão do pátio, disseminavam-se sorrateiramente ilhotas da ervinha rasteira que denominávamos "maliça". Essas traiçoeiras criaturinhas agradam e cativam nossa vista, com suas sorridentes e coloridas florinhas, mas não poupam a sola dos pés de quem pisa nelas. Elas rastejam sobre o solo, como que oferecendo um belo e suave tapete para nossos pés, mas logo abaixo de cada inocente folhinha há um sólido e sorrateiro espinho que sabe proteger a aparente fragilidade do vegetalzinho.

Ao relento, elas se apresentam acolhedoras, simpáticas e belas. Entretanto, logo que levemente tocadas são desmascaradas. Sem escrúpulos, dobram suas folhas e deixam à mostra espinhos miúdos e fortes que penetram facilmente até mesmo a sola de pés pouco traquejados ao solo.

15. Um cenário paradisíaco num "delta" do Tocantins

Figura 16 – Reinam bípedes e quadrúpedes

Fonte: Renata da Talita Aires, cinco anos

Por toda manhã, estivéramos fazendo companhia ao Ioiô, vagando ora à margem do rio Tocantins, ora na orla do ribeirão Corrente, ora circulando entre as ramagens viçosas de melancias, melões, quiabos e maxixes. Era meio-dia a pino.

Depois de muito capinar, limpando sua plantação da vazante, Ioiô tomou um banho e, apenas vestido com seu gongó, colocou a enxada nas costas e nos conduziu de volta para casa.

Nosso Ioiô, tendo ficado algumas horas encurvado capinando, colocava o cabo da enxada em linha horizontal atravessando a curva interna de um cotovelo a outro, apoiando o cabo da enxada na região lombar, pela altura dos rins.

Dessa forma, ele compensava a fadiga que se acumulara em suas costas ao permanecer horas a fio curvado, capinando sua vazante!

A pequena trilha se iniciava no alto do pequeno topo de um barranco, e ia ondulando e serpeando mata adentro. Depois de ultrapassar a pequena ladeira, ribanceira do rio Tocantins, mergulhava por uma vegetação mais fechada.

Aqui e acolá, surgiam clareiras em tamanhos variados. Nesses vazios, verdadeiras claraboias da mata, os raios do sol, rompendo a copa das árvores, por entre espessos cipoais, realçavam pequenas pegadas de animais silvestres diversos.

Desde o simples traçado em linha horizontal, pontilhada nas laterais por pequenas estrelas circulares de uma simples lagartixa, calango ou camaleão, até outras estrelas aos pares e vagando em todas as direções, pegadas de rolinhas, juritis, perdizes ou jaós.

Já famintos, retornávamos para a velha sede da fazenda do Ioiô. Intuindo nosso apetite, o atencioso Ioiô nos acudia comentando: *"Daqui a pouco, vamos mastigar a gororoba de sua avó!"*

Toda a extensão do terreno era arenosa. Vez por outra, uma cutia esquiva transpunha veloz a nossa trilha. De quando em quando, era possível captar, bem ao longe, a plangente canção de uma apaixonada jaó cantando: *"Eu sou jaó!"* E nunca o clamor de uma caía no vazio. Outra e mais outra, nos diversos quadrantes, respondiam e repercutiam o mesmo triste lamento: *"Eu sou jaó!"*

Cada um desses vocábulos sonoros carregava em sua modulação uma triste canção de despedida. Essas encantadoras aves canoras, afinadas pela orquestra da natureza, pareciam cumprir uma sagrada liturgia: celebrar o pico de um novo dia!

De raro em raro, apareciam pegadas mais fortes e fundas na areia. Nestas, Ioiô se detinha e, depois de observar bem, definia: *"Por aqui passou um veadinho mateiro acompanhando sua mãe!"* Cruzavam nossa trilha da esquerda para a direita ou da direita para a esquerda. Nas trilhas adjacentes, não palmilhadas por nós, podiam-se ver pisadas miúdas de pequenas aves, como rolinhas e juritis. Aqueles vestígios ondulantes se assemelhavam a pequenas estrelas de cinco pontas, estampadas sobre a quente e branca areia em baixo-relevo.

Pombinhas arroxeadas, voando umas, outras escapando pelas trilhas vizinhas. Lá mais adiante, umas caminhando tranquilamente pela areia quente e, um pouco além, outras deitadas sobre uma macia e suave areia agitavam as asas, atirando a fina e branca areia sobre seu dorso como se estivessem tomando banho.

Contemplando-as maravilhado, eu quase enxergava em suas asas a forma de mãos habilidosas que aspergiam todo o seu corpo com cascatas de estrelas brilhantes.

E como era doce ouvir, bem ao longe, no fundo da mata beira-rio, em suave modulação, o martelado plangente da canção da jaó: *"Eu sou jaó; eu sou jaó!"*

Enquanto isso, lá para a outra banda da mata, em sonora, mas estridente convocação, uma apaixonada perdiz implorava por seu companheiro: *"Chico, vem cá, rapaz! Chico, vem cá, rapaz! Chico, vem cá, rapaz!"*

Contrapondo-se a esse apaixonado apelo, o ressabiado e desiludido perdigão respondia: *"Eu não, Deus me livre! Eu não, Deus me livre! Eu não, Deus me livre! Eu não, Deus me livre!"*

Enquanto isso, por todas as bandas, era possível ouvir um tecido melódico que alinhavava toda essa grandiosa orquestra entoando uma mesma e pungente melodia.

Era o bloco numeroso e persistente das pombinhas fogo-apagou. Convertendo a partitura que elas modulavam para o humano dialeto, sua singular canção proclamava no mesmo estribilho: *"Fogo-pagô, fogo-pagô; fogo-pagô, fogo-pagô"*.

Instigados e intrigados por tão triste mensagem, perguntamos ao Ioiô por que elas assim cantavam.

Ele, pacientemente, explicou-nos:

> *Essas criaturinhas de Deus estão obedecendo a uma ordem de Nossa Senhora. É que Deus Nosso Senhor tinha se aborrecido por tanta maldade que os seres humanos andavam fazendo e mandou tocar fogo no*

mundo. No entanto, vendo aquilo, a Virgem Maria correndo foi ajoelhar-se aos pés do Pai Celestial suplicando que suspendesse tão duro castigo para uma humanidade sempre pecadora. E o pedido da Mãe de Jesus foi logo acatado.

E, para que as pessoas retornassem às suas moradias, Nossa Senhora ordenou que todas as pombinhas do mundo voassem depressa, por todas as bandas e avisassem às pessoas: "Fogo-apagô, fogo-apagô; fogo-apagô, fogo-apagô...". Assim, obedientes, elas continuam até hoje cantando e gritando para a humanidade: "Fogo-pagô, fogo-pagô; fogo-pagô, fogo-pagô...".

Não tenho lembranças de nosso avô materno na lide do campo. Lembro-me sempre dele em atividades de manutenção dos bens de sua propriedade. Quase sempre se ocupava de trabalhos de carpintaria.

Outras vezes, mais raras, dedicava-se a recuperar alguma das peças de seu altivo engenho de três moendas e dois vastos braços, que se esticavam para um lado e outro da horizontal.

16. Agruras e peripécias de um missionário católico em "desobriga"

Figura 17 - Missionário católico em "desobriga" celebra a fé e a vida

Fonte: desenho da Stella Aires Romio, 13 anos:

Na tradição católica mais antiga, o termo "desobriga" significa uma atividade pastoral em que os padres ou bispos católicos percorrem as regiões mais distantes da sede paroquial, geralmente, nos sertões, pousando por dois ou três dias numa residência. Essa visita pastoral é previamente combinada e divulgada pelos vizinhos. Assim, os moradores daquelas redondezas se encontram e reúnem naquele pouso. Nesse momento, são realizados todos os atos religiosos, incluindo casamentos e batizados.

E isso ocorria, normalmente, uma vez por ano. O objetivo principal era oferecer ao católico a oportunidade de cumprir os preceitos básicos da obrigação der todo católico: assistir missa, confessar e comungar, ao menos uma vez por ano. Daí o termo "desobriga".

Pois bem. O primeiro bispo da cidade de Porto Nacional era um missionário dominicano francês que se chamava Domingos Carrerot – frei Domingos, Dom Domingos. Embora fosse uma pessoa simples e afável, a liturgia do cargo impunha, naquela época, práticas e modos aristocráticos.

Para ilustrar esse modo aristocrático, Padre Luso relatou-nos, com certa ironia, um curioso aspecto das desobrigas desse bispo muito estimado pelo povo que, afetuosamente, o chamava Frei Dominguinho. Em suas desobrigas anuais esse bispo precisava levar uma verdadeira comitiva de acompanhamento com, no mínimo, três animais de carga.

Um levava as vestes pessoais e litúrgicas do antístite, e um segundo os mantimentos para alimentar a comitiva episcopal. Um terceiro animal de carga transportava uma bagagem bem exótica. Era uma armação de madeira e tecido constituída de quatro laterais articuladas por dobradiças. Quando se abriam as quatro laterais flexíveis, criava-se um quartinho privativo onde o reverendo poderia subtrair-se aos olhares curiosos para aliviar suas necessidades fisiológicas inadiáveis!

Com todos esses cuidados, o recatado missionário francês evitava oferecer espetáculos pouco edificantes ou constrangedores como o que ouvi de um ex-capuchinho.

Muito falante e sem papas na língua, relatou-nos o referido ex-frade que participara de uma cena extremamente original, quase hilariante. O episódio envolve o famoso frade capuchinho italiano, Frei Damião! Com fama de santidade, esse piedoso frade arrastava multidões, por onde comparecia! Por onde quer que fosse as multidões se acotovelavam. Onde se anunciava sua presença, multidões de católicos compareciam. E os políticos disputavam avidamente sua presença em atos festivos.

Pois bem, relata o amigo que o santo religioso achava-se pregando as santas missões nos sertões brabos de Pernambuco. Em plena zona rural, com uma multidão de fiéis que se espalhavam por todas as bandas, o pobre pregador missionário não dispunha de um reservado onde pudesse despachar suas necessidades fisiológicas mais urgentes.

Os frades que o acompanhavam montaram um esquema de emergência. Três ou quatro deles, todos trajando seus hábitos de capuchinho, seguravam as vestes uns dos outros, abrindo e criando um círculo fechado onde o pequeno Frei Damião podia, enfim sozinho, agachar-se e aliviar suas necessidades.

Numa dessas feitas, achando os frades que não tinham testemunhas na circunvizinhança, estavam privatizando Frei Damião, quando, de repente, ouviu-se esse saboroso e não menos piedoso comentário de uma devota que cruzou por ali com outras comadres, bem na hora H em que o santo frade fazia suas necessidades. Ponderou, então, uma delas: "Hem-hem, minha gente, é tão bonitinho Frei Damião cagando!".

17. Rumo ao paraíso dos sonhos: a lancha Benvinda

Figura 18 – Barco a diesel navegando no rio Tocantins

Fonte: Wikipédia - IBGE

Caía uma chuvinha miúda e persistente... Belos e erráticos vaga-lumes pincelavam a linha do horizonte em tons fluorescentes... A chaminé da velha lancha "Benvinda", como que esbravejando e sibilando raivosa, cuspia chispas e fagulhas incandescentes num amplo céu povoado de estrelas faiscantes...Contemplando aquela cena, era inevitável enxergar na poderosa corda, pela qual a pobre lancha rebocava uma imensa barcaça, a corrente da escravidão que Castro Alves vira no canal de Suez pelo qual trafegavam os navios negreiros.

A corda era uma corrente atada aos pés da lancha Benvinda que, além de arrostar a oposição das águas, tinha de puxar, rio acima, centenas de toneladas de uma barcaça descomunal.

A desventurada lancha se achava aprisionada e escravizada sob o jugo daquela imensa barca que lhe ataram aos pés.

Se a Benvinda falasse, também repetiria o lamento que Castro Alves pôs na "boca" do continente africano no poema "Vozes d'África" ([1868] 1988):

> Deus! ó Deus! onde estás que não respondes?
> Em que mundo, em qu'estrela tu t'escondes
> Embuçado nos céus?
> Há dois mil anos te mandei meu grito,
> Que embalde desde então corre o infinito...
> Onde estás, Senhor Deus?...
> Qual Prometeu tu me amarraste um dia
> Do deserto na rubra penedia
> – Infinito: galé!...
> Por abutre – me deste o sol candente,
> E a terra de Suez – foi a corrente
> Que me ligaste ao pé...
> [...]

Divagando eu em minhas perplexidades, ocorreu-me ainda aquela outra cena da alegoria do mito grego em que Zeus, o príncipe dos céus, aplica ao feroz antiespiritualista Atlas o suplício definitivo de suportar eternamente em seus ombros todo o globo terrestre!

Pois ali estava aquela pobre lancha, com máquinas movidas a lenha, fazendo das tripas coração para puxar, rio acima, uma barcaça com mais de três vezes seu tamanho e seu peso. Um grosso cabo tecido de fibra vegetal atado firmemente à popa da Benvinda garantia que nossa barcaça avançasse rio acima.

Quando o leito do rio ficava mais largo e profundo, nosso curso de navegação era feito por uma das margens que fosse mais profunda, pelo experiente conhecimento de nosso comandante. Outras vezes, quando o leito do rio se estreitava, singrávamos sobre a crista central e ondulante do caprichoso rio Tocantins. Quantas vezes meu olhar se detinha embevecido na prodigiosa força que a pobre Benvinda precisava fazer para arrostar a correnteza do rio que, em muitos trechos, era bem forte, sem contar as ondas que as chuvas de vento levantavam. Nesses momentos, as águas revoltas se encapelavam enfurecidas.

Entretanto, a quilha voluntariosa de nosso barquinho, ziguezagueando e soluçando, avançava sempre em frente e, uma a uma, ia fendendo-as, balançando e oscilando, apontando mais para a direita ou mais para a esquerda. Nessa luta feroz entre a poderosa natureza e a pobre lancha, só me restava torcer e rezar para que a máquina e o grosso cabo tecido de juta aguentassem o tranco.

A valente Benvinda, naqueles momentos, eu imaginava, por entre os silvos angustiados que o motorista soltava ao apitar a lancha, lancinantes uivos ou gemidos da pobre Benvinda.

Apesar de tudo, lá íamos nós avançando, atados todos a um mesmo destino.

Os momentos de chuva e vento eram de angústia e medo. Aqueles em que aportávamos a uma das margens para apanhar lenha ou passageiros eram instantes de encantamento, vendo as beiradas da cobertura de palha de nossa barcaça ir roçando por entre galhos e cipós que teciam a orla verde do Tocantins.

Contemplando esse cenário, crescia mais minha admiração pela prodigiosa Benvinda, que podia gemer ou chorar, mas terminava sempre vencedora.

E o que falar de toda aquela carga depositada em seu porão? Era para mais de 200 sacos do coco-babaçu, embarcados em Babaçulândia, do armazém de secos e molhados do senhor Henrique Dias de Brito, com destino aos portos de Carolina, Pedro Afonso e Porto Nacional, mais outro tanto de volumes de mercadoria embarcados no porto de Belém, com os mesmos destinos. Havia, ainda, bem mais de 200 caixas com latas de querosene Jacaré e toda aquela sacaria de açúcar, também com os mesmos destinos.

Pensa que citei tudo? Não. Estou falando de mais de 50 pessoas, homens, mulheres e crianças, com todos os seus pertences e bagagens.

Nós mesmos levávamos quatro baús marchetados de percevejos dourados e outras quatro bruacas de couro cru, mais algumas cadeiras e um tamborete de madeira e couro curtido, obra de meu pai.

Levávamos também todos os arreios de uso de nossa família. Eram, portanto, duas celas: uma de montaria masculina e outra de montaria feminina, incluindo também uma linda carona artisticamente trabalhada por nosso pai.

Além dessas, havia ainda duas latas de bolacha Maria cheias de bolos preparados por nossa mãe, como o bolo cacete, e os biscoitos de polvilho em forma de pequenas rodelas ou grandes alianças comestíveis.

Acrescentem-se, no gênero alimentício, mais duas latas de bolacha Maria cheias de banha de porco derretida. Essa banha tem a grande vantagem de ser facilmente transportada porque, à medida que esfria, condensa-se e passa do estado líquido para o estado sólido. Melhor dizendo, fica em estado pastoso, mas bastante estável. Uma vez extraída toda a gordura dos toucinhos de porco, resultava ainda uma boa quantidade de torresmos que também eram acondicionados em latas apropriadas. Esses torresmos adquiriam um sabor mais agradável quando incluídos no feijão. Naturalmente, além de saborosos, eram muito nutritivos.

18. Êxtase e encantamento sob um manto de estrelas

Figura 19 – Alegoria do estado do Tocantins

Fonte: ensaio do autor

Se havia momentos de angústia, existiam outros também de encantamento, quase êxtase, quando podíamos contemplar imensos paredões de rocha viva que, pelos séculos, o rio talhara, delineando seu curso. Em muitas tardes ou manhãs tranquilas, sem chuva e sol brando, era encantador ver os bandos de araras, papagaios ou periquitos desfilando lá no topo da montanha, como que escoltando nosso cortejo embarcado. Seriam nossa escolta alada simplesmente os guardiões daquelas fronteiras que estávamos invadindo ou transgredindo?

Ou já acostumada com aquelas visitas esporádicas a escolta estaria apenas alertando outros habitantes mais distraídos daquelas paragens?

Todavia, para nós que estávamos embarcados, sobravam algumas indagações, como: nessas paragens de águas turvas e profundas, não haveria monstros poderosos que, num simples movimento de sua corcunda colossal, poderiam emborcar nosso pobre barquinho como se entorna uma simples casca de noz? De fato, em alguns trechos de nosso percurso, o leito do rio se estreitava em canais cortando as duas corcovas da serra que íamos atravessando. Nesses momentos, dava para enxergar, em belos paredões de tonalidade avermelhada, araras e papagaios que se postavam curiosos, espiando-nos das tocas de seus ninhos ou moradias.

Ainda não tínhamos viajado, ou melhor, navegado nem duas horas, e vi e ouvi mais um pungente mugido da velha Benvinda avisando que, dali a pouco, estaríamos atracando na margem esquerda do Tocantins para recolher água e lenha para alimentar a insaciável caldeira da nossa anfitriã.

Devo esclarecer que o "mugido" da velha Benvinda, além de ser ouvido, era também visto porque o maquinista obtinha o sibilado de sua embarcação deixando escapar o ar comprimido das caldeiras, soltando-o pela chaminé. E o ar que sibilava vinha das caldeiras aquecidas a lenha. A chaminé era como uma garganta que trazia dos pulmões da máquina faíscas e fagulhas que voavam para o espaço vazio. O pontilhado reluzente das chispas de carvão, na boca da noite, pareciam estrelas esvoaçantes. Elas se erguiam da chaminé, em jatos luminosos, como a cauda de uma estrela cadente!

Era uma visão fantasmagórica em que o teto do céu se desdobrava até mergulhar no espelho cristalino do Tocantins.

Nesse cenário mágico, atuavam apenas dois protagonistas: a lancha e a barca. E eram, na verdade, como dois antagonistas. A lancha, impulsionada pela explosão do vapor de suas caldeiras, lutava desesperadamente para se contrapor à vigorosa torrente das águas. E, como se não bastasse a hostilidade dessas vigorosas torrentes, a maldade dos homens atou-lhe aos pés uma desengonçada barcaça de um peso descomunal.

O uivo sibilante das caldeiras regurgitantes quebrava o majestoso silêncio da noite. E um chuvisquinho intermitente que açoitava a crista das águas, despertando nos inquilinos da Benvinda uma melancólica nostalgia.

Nesses momentos, cantadores improvisados modulavam, do fundo de suas redes, trovas e versos ou modinhas apaixonadas, enquanto os brincalhões e os gozadores vasculhavam de seu obscuro repertório ditos e contos hilariantes.

Instigado por esse clima de emoção, o sempre animado "Chico Boto", tirando seu cavaquinho, soltava a voz modulando nas suas cordas a romântica canção: "Ô Chica, Chica, Chica, Chica, Chica boa, me dá notícia da garota que fugiu lá da Gamboa, não vale a pena viver assim à toa, ô Chica, Chica, Chica, Chica, Chica boa!" Outras vezes, desfiava longas e intermináveis modinhas de paixão recolhida, curtida e desiludida. Contudo, intercalava com brincadeiras simulando a fala de um papagaio: *"Urupaco, papaco, a mulher do macaco, ela pita, ela masca".*

Havia também uma misteriosa passageira, alojada num dos camarotes da lancha Benvinda, que me despertou para o obscuro universo dos estranhos caminhos do sentimento e da paixão humana. Não me recordo da aparência nem de qualquer outro detalhe pessoal daquela moça.

Lembro-me, simplesmente, do que diziam, quase segredando: *"É uma moça de família que está curtindo uma paixão frustrada. Não conversa com ninguém, não come nem bebe. Só deseja morrer..."*. Seria um amor impossível e proibido, por isso a família estaria enviando-a para outra cidade distante para ver se ela esqueceria essa paixão avassaladora.

Bem acima de Carolina, passamos também pelo povoado denominado Pedro Afonso. Esse trecho de minha memória retém apenas imagens muito vagas e esgarçadas, que se restringem quase só ao porto de embarque e desembarque, além de alguns esboços de ruas. Vejo ainda a beira do rio, com um barranco muito irregular, e uma ladeira tomada de areia. Atracamos num ponto em que desaguava um rio secundário, bem mais estreito que o Tocantins, mas com um leito profundo e águas cristalinas: chamava-se rio Sono.

O movimento de pessoas chegando e saindo era bem mais intenso que na modesta Babaçulândia. Guardo ainda a imagem de pessoas com ares de elegância e bem trajadas.

19. Um vaqueiro do norte goiano, hoje Tocantins

Figura 20 – Antônio Morés, com o sobrinho Davi Morés simulando vaqueiro do Tocantins

Fonte: foto do autor

Tratando-se do traquejo e do manuseio do gado no antigo norte goiano, hoje Tocantins, a então denominada salina anual é uma das labutas sertanejas mais complexas.

O ritual da salina tinha todo o seu protocolo. Primeiramente, deve-se prender com a mão direita um dos chifres e a esquerda deve ficar agarrada na boca do animal. Assim aprisionado, ele é tracionado com toda a força possível ao ponto de ser tombado no chão.

O ingrediente principal era o sal grosso, comprado em sacos. Num litro de vidro mais reforçado, colocavam-se umas três mãos cheias desse sal, não se esquecendo de acrescentar aí um punhado de enxofre para eliminar carrapatos. Feito isso, era preciso preencher todo o litro com água.

Depois de bem agitar, essa mistura deveria ser ministrada a cada rês. Era um trabalhão executar essa tarefa. Cada rês deveria ser laçada, dominada e derrubada para se enfiar aquele litro pela boca do animal devidamente amarrado, "sugigado" e derrubado ao chão.

Aconteceu que, num desses eventos, meu poderoso tio Manoel estava ajudando exatamente na labuta mais dura. Cabia a ele salinar os bichôs mais graúdos e recalcitrantes.

Tudo corria bem até que meu tio topou com um touro mais forte, que resistia e sapateava, saltando para se soltar daquele aprisionamento. Contudo, por mais que esperneasse e gineteasse, meu tio, atracado firmemente como um tigre fincado na jugular de sua presa, não aliviou nem soltou o bicho até que este se deu por vencido e tombou. Só quando concluiu a tarefa e libertou o animal, notou que a casca do chifre deste se soltara e estava inerte em sua "mãozaça", ao que meu tio teria exclamado: *"Diabo de chifre podre!"* É claro que era perfeitamente sadio o chifre e nunca se soltaria não tivesse sido atacado por uma criatura tão avantajada em força.

Preciso relatar aqui outro episódio que ouvi minha mãe relatar sobre os feitos especiais desse tio também muito especial.

Ainda em nossa infância, convivemos com uma tia-avó que ajudava nosso avô nos muitos cuidados de sua numerosa família. Chamava-se Custódia. Basicamente, cabia a ela cuidar de cozinhar para toda a sua grande família. Nunca menos de 10.

Pois bem, certo dia, ela preparou um panelaço de mingau de arroz-doce. Acontece que meu tio Manuel, homenzarrão, passara todo o dia campeando. Durante todo o dia, nada comera. Chegando a casa, ao anoitecer, morto de fome, encontrou na cozinha aquele "panelão" de arroz-doce. Sem perguntar nada a ninguém, pegou a panela e, mais que depressa, devorou todo o mingau que deveria servir de sobremesa para 12 pessoas.

Recolheu, com a colher, cada um dos grãozinhos de arroz e, depois de lamber os beiços, avistando tia Custódia, perguntou: *"Manreia, o mingau tinha doce ou não?!"*

Em sua voracidade de preencher logo o grande vazio de seu espaçoso estômago, não tivera tempo de reparar no tempero do arroz-doce.

20. Polifonia de um teto de piaçava

Figura 21 – Vento e chuva numa noite de luar

Fonte: desenho de Micaela Aires Medeiros, 10 anos

Quem já passou uma chuva debaixo de uma cobertura de palha sabe o quanto é gostoso ouvir a polifonia da água açoitando as palhas. Nenhuma orquestra tem maior variedade de sons melódicos. As gotas que castigam as folhas, combinadas com a variedade oscilante dos ventos, produzem um maravilhoso concerto de fazer inveja a Vivaldi ou ao Johann Sebastian Bach!

E isso sem mencionar o contraponto dessa singular orquestra. Do lado de fora da casa, em todo o meio ambiente, há muitos outros atores e protagonistas que dialogam com as melodias que a natureza extrai dos componentes da casa de palha.

Agasalhados, recolhidos e amparados no interior de uma casa de palha, somos provocados por um estranho antagonismo de emoções. De um lado, a frágil estrutura de paredes de barro e teto de palha. Ali recolhidos como numa casca de ovo, sentimo-nos encurralados e circundados por um poderoso e ameaçador inimigo externo.

Todavia, o contraditório da situação é que exatamente esse estado de fragilidade é que nos fornece a adrenalina que nos gratifica com uma emoção despojada, natural e intensa.

Estamos falando dos múltiplos sons que o vento, soprando nos vegetais e nas árvores, vai extraindo em timbres e tonalidades de sons diversos, conforme o diâmetro dos troncos e das copas açoitadas caprichosamente, mudando, a cada minuto, seu ângulo de ataque: norte, sul, leste, oeste. Conforme o ângulo de incidência do vento e da chuva, diverso também será o som em intensidade e tonalidade.

Nesse ambiente sonoro, há mais dois protagonistas que acrescentam um tempero dramático ao singular arranjo orquestral. Trata-se de dois adversários inseparáveis: o corisco e o trovão.

O contexto dramático dessa descrição é a travessia de uma noite. Como éramos crianças, ficávamos aterrorizados.

Mamãe nos acalmava dizendo que as trovoadas, que estouravam de instante a instante, tinham uma explicação simples. Os demônios estavam tentando roubar as montanhas de couro cru do armazém de São Pedro. Espreitando sempre, 100 ou 200 capetas, de repente, conseguiam agarrar centenas de couros crus, muito ressequidos, e saíam arrastando-os sobre nuvens e montanhas, fazendo aquela barulheira infernal. E tudo isso só para perturbar o sossego dos santos!

Quando eles desciam juntos em determinada montanha, São Pedro disparava sobre eles um ou dois canhões com coriscos fulminantes que os deixavam atordoados.

O estampido que ouvíamos depois de uma intensa luz faiscante era exatamente essa batalha que São Pedro estava travando contra os diabos e os capetas.

Confiantes, rezávamos então uma Salve-Rainha e adormecíamos tranquilos e seguros, pois nossa mãe deixava bem claro para nós que o poderoso santo é o chefe dos céus e nunca perde uma batalha nem a guerra!

Ao contemplar hoje essa encantadora fábula de minha mãe, eu devo reconhecer que nem São Pedro nem os capetas tinham qualquer interesse em couro cru, mas entendo que, na bela alegoria, ela estava mostrando para nós que, embora o mal invista furiosamente contra o bem, sai sempre derrotado. Todas as forças do mal nada podem contra o poder de Deus, pois *"Deus é grande"*, ela sempre nos dizia!

21. O velho casarão do Ioiô, meu avô materno

Figura 22 – O velho casarão que não conheci

Fonte: desenho de Giovanna A. M. Aires, cinco anos

O casarão-sede da fazenda de meu avô era bem amplo, com paredes de adobe, isto é, barro cru secado ao sol. O teto era todo coberto de palha de piaçaba ou piaçava.

Na sala de entrada principal, as paredes laterais ficavam à meia-altura, deixando o espaço mais claro e iluminado. Ali, acomodados nas paredes-meias, ficavam os arreios da lide diária do traquejo do gado e dos animais. Os adereços dos arreios ficavam estendidos sobre o peitoril, enquanto cabrestos, cordas, laços e peias ficavam dependurados nos suportes anexos dos caibros, que eram denominados "cachorros".

Lá no antigo norte de Goiás, chamávamos de "cachorros" uma peça de madeira um pouco mais fina que o caibro, mas bem mais fornida que as ripas em que se encaixavam os talos das palhas. Os proprietários ou construtores mais caprichosos costumavam trabalhar e entalhar encaixes no terminal interno do "cachorro", com dupla utilidade: elevar o ângulo final das biqueiras da cobertura e como suporte, espécie de cabide para pendurar muitos utilitários, desde simples peças de vestimentas até arreios e apetrechos das múltiplas tarefas da labuta campesina.

O "cachorro" tinha por finalidade erguer as biqueiras das casas, impedindo que o fluxo das lâminas de chuva despencasse perpendicularmente sobre o solo, mas tombasse mais suavemente. Essas peças iam justapostas a cada terminal de caibro, mas não alinhadas a eles, e sim compondo uma espécie de X. Esse resultado era obtido introduzindo-se duas varas contrapostas uma à outra, no sentido longitudinal da casa. Cada vara era encaixada exatamente em cada um dos ângulos internos do X, constituído pela junção do terminal do caibro e do "cachorro".

Exatamente nas "cabeças" desses "cachorros" que eram esticadas as grossas cordas de couro cru torcido, depois de devidamente lavadas, ensebadas e esticadas no vão interno do cômodo, de uma para outra extremidade, bem no beiral da casa, sob a cobertura de palha.

Também nessa grande sala eram recebidas as visitas ocasionais. Quando elas apareciam, sempre dávamos um jeito de, esticando o pescoço e na ponta dos pés, espreitarmos a "conversa dos grandes", de que não podíamos participar.

Um desses visitantes mais raros de que me recordo era o irmão de nosso avô paterno, que nossa mãe chamava de "tio Déco".

Dizia-se que, na juventude, tivera fortuna e acabara com tudo esbanjando. Àquela época, não tinha mais nada e vivia como um andarilho. Calçando alpargatas "currulepes" ou também chamadas "salgabundas", levava seus pertences num saco pendurado num pequeno bastão ao ombro. Ouvíamos brincadeiras que faziam com ele. Não gostava de comer peixe por ser "cospe-cospe!" Era um velhinho de baixa estatura, delgado e careca. Era, em tudo, o antípoda de nosso avô paterno.

Como criança, impressionou-me muito ele apresentar para nós uma tira de pano reforçado que usava atado na virilha por conta de uma abertura interna por onde emergiam partes de suas tripas. Chamava-se rendição.

22. Seca e chuvas nos cerrados do Jalapão

Figura 23 – Com a chuva tudo reverdece

Fonte: desenho de Giulia A. M. Aires, nove anos

Quem conhece o regime de chuvas semestrais dos cerrados do Tocantins sabe o significado e o simbolismo intenso que se encerram na chegada das primeiras águas, impreterivelmente, no mês de setembro. De março a abril, temos a despedida das chuvas. E, no longo silêncio dos aguaceiros, as folhas e o capim amarelam e o chão fica ressequido. Os lagartos, pebas, tatus e todos os rastejantes buscam amenizar o ardor do sol abrigando-se às sombras ou em suas tocas.

A partir de agosto, árvores e arbustos começam a lançar de forma tímida das pontas de seus galhos pequenos brotos verdinhos que, lentamente, depois de romper os pequenos nós de seus galhos, parecem que vêm espiar cá fora o cenário externo que clama pelas preciosas gotas de orvalho ou chuva.

E, sem demora, dos finos galhos de todos os arbustos intumescidos, rebentam, em todas as pontas, milhares de pequenos nós, num largo e incontido sorriso da mãe natureza.

Algumas frutas típicas do cerrado, como a cagaita e a mangaba, encorajadas pelas primeiras águas, entregam-se logo a ávidas bocas num generoso ofertório.

Apenas a soberba palmeira-babaçu resiste estoicamente à fuga das chuvas.

23. Faiscando em garimpos do Tocantins e do Jacundá

Figura 24 – Davi e Joarez "garimpando" transparentes águas do Tocantins

Fonte: arquivo fotográfico do autor

Lembro-me, perfeitamente, de vê-lo pesquisando, explorando nas beiradas de córregos com leito arenoso alguns dos sinais de possível presença de ouro ou diamante. Chamava-se a isso também de "faiscar"!

Além da forma cônica, bem diferente da gamela, que tem o formato de um trapézio, a bateia apresenta outra grande diferença: não é equipada com as quatro orelhas ostentadas pela gamela. É que estas, como utensílios domésticos, são necessárias para dar maior estabilidade e firmeza no segurar.

Já as bateias funcionam de forma mais dinâmica e não podem ter garras laterais. É que a principal função da bateia é girar dentro d'água, livremente, entre as mãos, fazendo circular areia e resíduos. A bateia deve flutuar na superfície da água.

Com o auxílio das mãos, o garimpeiro deve girá-la, em movimento contínuo, para a direita ou para a esquerda. Por força da gravidade, o material maior e mais pesado busca a superfície e pode ser expelido nas laterais ou removido com as mãos. O ouro ou o diamante, sendo pequenos grânulos de maior densidade, pelo movimento de gravitação, vão depositando-se no fundo.

Os olhos experientes distinguem facilmente os materiais espúrios dos similares ao ouro ou ao diamante. Expelidos todos os resíduos inúteis, logo identificam sua preciosa joia.

Bateia e biguá eram equipamentos básicos dessa garimpagem sentimental e afetiva. O que é o biguá? Espécie de tubinho obtido a partir da cânula da pena de uma ave de grande porte como a ema. Melhor que o vidrinho para guardar eventuais grânulos de ouro ou diamante, por não ser quebradiço. Como tampa, leva uma pequena rolha talhada em madeira ou da flecha da palmeira-buriti.

Presenciei esse procedimento, bem como a coleta desses preciosos achados que nosso pai apresentava orgulhoso, abrindo seu valioso biguá e exibindo na palma da mão seu raro achado. Não me recordo de que tenha alcançado resultados valiosos, mas nosso pai carregava sempre esse sonho de garimpeiro. Embora de pequeno valor comercial, notava que ter seu biguá com alguns desses resíduos preciosos fazia brilharem seus olhos de contentamento.

24. As preciosas gueixas, "casca de ovo"

Figura 25 – Louça japonesa casca de ovo

Fonte: propriedade do autor

Tínhamos também algumas xícaras de louça especial que só saíam do baú para brindar um café de cortesia a um ou outro visitante ilustre, como o padre Lazinho. Uma ou outra vez, o próprio bispo esteve em nossa casa e, sem dúvida, foi também brindado com uma boa xícara de café e alguns minutos de conversa.

Inclusive, tínhamos ainda umas três xícaras japonesas de porcelana "casca de ovo". Eram translúcidas como cascas de ovos. Por fora, tinham desenhadas lindas gueixas, com suas vestes coloridas ricamente trabalhadas. Um brinde ao bom gosto e à delicadeza.

Mamãe tratava-as com cuidados especiais. E não era para menos. Só de saber a longa trajetória que percorreram até entrar em nosso domínio...

Pelos relatos que ouvi dos antigos, em alguns trechos mais críticos do rio Tocantins, toda a mercadoria precisava ser descarregada e, a braço humano ou no lombo de mulas, trasladada rio acima ou rio abaixo, conforme a meta pretendida, até um novo ponto seguro em que a navegação pudesse ser retomada.

A própria barcaça era puxada por cabos de fibra de juta que se iam apoiando em troncos de árvores que se achavam à margem do rio. Em alguns pontos de leito vazio ou muito raso, era preciso usar roletes de madeira roliça para, sobre eles, aliviar-se o grande peso da barcaça de madeira e, assim, conduzi-la para um ponto de navegação mais seguro.

Se incluirmos a longa trajetória percorrida pelas valiosas porcelanas japonesas e toda essa verdadeira guerra travada com o caprichoso e soberbo Tocantins, dá para apreciar quão valiosas eram as famosas xícaras "casca de ovo". Calculo que mamãe deve ter adquirido esse artigo especial em Carolina, no Maranhão.

Saindo do Japão, decerto vieram de navio até o porto de Belém do Pará. Ali mesmo, foram adquiridas por comerciantes de Carolina, Porto Nacional e outros muitos pequenos povoados situados às margens do rio Tocantins.

Imagine-se a verdadeira odisseia que esses preciosos utensílios percorreram de seu país de origem, o Japão, varando metade do globo para serem recolhidos em Belém do Pará e trasladados para pequenas, médias e grandes barcaças que, acomodando-os nos pontos mais seguros de seus porões, navegaram pelas águas bravias e revoltas do grandioso Tocantins.

25. Emancipação do norte goiano: estado do Tocantins

Figura 26 – Juiz de direito, comarca de Porto Nacional

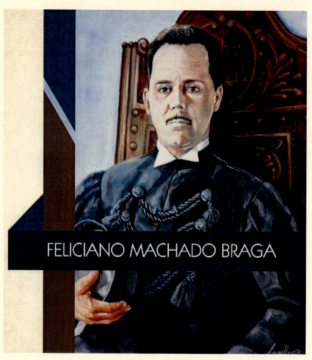

Fonte: arquivos da prefeitura municipal de Porto Nacional

Os norte-goianos, por longos anos, sentiram-se relegados ao descaso pela administração central do estado. Assim, um bom punhado deles passou a defender com afinco a divisão do estado. Exatamente para abraçar essa causa, foi criada a Casa do Estudante do Norte Goiano (Cenog). Essa entidade polarizou a causa por todo o Brasil onde estavam presentes estudantes norte-goianos.

Pelos inícios da década de 1960, estando eu ainda em Porto Nacional, acompanhei e sou testemunha do entusiasmo que tinha como um dos principais mentores um maranhense baixinho, culto e grande comunicador, o senhor Fabrício César Freire.

O movimento alcançou o apogeu com o juiz de direito, Dr. José Feliciano Machado Braga. Católico fervoroso e muito idealista, redigiu, financiou e distribuiu, pessoalmente, centenas de panfletos, incentivando os norte-goianos a empunharem a bandeira da autonomia política.

Inclusive nós, seminaristas, que estávamos no Rio, pela década de 1960, acompanhamos e integramos esse movimento estudantil.

Já na década de 1970, residindo em Brasília, participei de diversas reuniões de mobilização da causa.

Estava eu no seminário de Porto naquela época, mas o mano Aldo, que trabalhava na loja Nova Vida, adorou a empolgação do impávido juiz e participou intensamente na distribuição de panfletos pela cidade.

O empenho do Dr. Feliciano era tão intenso que, convicto de que sua utopia já se tornara realidade, passou a datar os documentos que, como juiz, despachava para os tribunais de Goiânia grafando como local de sua expedição "O estado do Tocantins".

A corregedoria, inicialmente, ponderou que não deveria agir assim, já que o novo estado simplesmente não existia, nem de direito nem de fato.

É claro que o entusiasta não só não aceitou as ponderações, como também se considerou ofendido porque tais alegações, aos seus olhos, eram simplesmente descabidas e inverídicas! E continuou estoicamente a grafar: "estado do Tocantins".

Vendo a corregedoria que o juiz se mantinha aferrado a seu modo de agir, expediu documentos ameaçando punições para sua rebeldia. Muito inteligente e sagaz, ele não vacilou, mas repudiou a ameaça ponderando que tais sanções não o alcançariam, uma vez que ele se encontrava em outra unidade da federação. Não sei se os chefes se contentaram em rir ou tomaram providências mais drásticas!

No entanto, apuros mesmo presenciei quando Dom Alano tentou desvencilhar-se de uma missa, espécie de *Te Deum* de Ação de Graças, a qual o catolicíssimo Dr. Feliciano queria que fosse oficiada pela criação e instauração do estado do Tocantins. Dom Alano o estimava e respeitava muito, inclusive por ser uma autoridade constituída, juiz de direito da Comarca de Porto Nacional. Não me recordo do desfecho desse apuro.

26. A Piabanha, Tocantínia dos anos 1940

Figura 27 – A velha Tocantínia (TO)

Fonte: Wikipédia, arquivos da prefeitura de Porto Nacional

Tocantínia, antiga Piabanha, foi ponto estratégico de parada antes de nos estabelecermos na cidade de destino, Porto Nacional, então, estado de Goiás.

Nessas alturas de sua vida, papai já era uma pessoa bem viajada. Padecendo de graves incômodos estomacais, logo após a morte de sua mãe, a professora Maria Magdalena Dias de Oliveira, já realizara uma verdadeira odisseia. Rompendo mil peripécias, fora, primeiramente, à grande metrópole do norte do Brasil, Belém do Pará, em busca de socorro médico para a grave doença que muito o incomodava, mas que desconhecia sua verdadeira natureza. Naquela grande cidade, passou por uma cirurgia na região estomacal que nada resolveu.

Só bem mais tarde nós viemos a saber que o sofrido incômodo de nosso pai era a doença de Chagas ou Tripanossomíase americana – doença parasitária causada pelo protozoário *Trypanosoma cruzi* e transmitida, principalmente, por insetos da subfamília Triatominae.

Pesquisando no Google, somos informados de que, embora o médico mineiro, Dr. Carlos Chagas, tenha identificado a doença em 1909, vários fatores determinaram que esse diagnóstico fosse questionado por quase 30 anos. Assim, acredito que os médicos de Belém e os de São Paulo, na década de 1930, ainda tateavam no escuro e não lograram identificar o mal que tanto atormentou papai. Lembro-me, claramente, de que as dores intensas de que padecia só aliviavam com o uso de uns comprimidos pequenos e redondinhos, denominados: "pílulas de vida do Dr. Ross". Assim, não logrando êxito, retornou à pequena currutela, então denominada Nova Aurora ou Babaçulândia.

Com toda essa experiência e traquejo de viagens, presumo que a parada em Tocantínia foi estratégica e programada por dois motivos. Primeiramente, papai dispunha de um bom punhado de reses e animais de criação de sua herança pessoal e, também, a parte de herança de minha mãe.

A viagem de mudança era mais conveniente pelos meses de cheia, já que o melhor meio de transporte era via fluvial. Já o transporte da tropa animal, via terrestre, era mais adequado em estação sem chuvas. Impunha-se, então, uma parada.

O segundo motivo deveria ser econômico. Não dispondo de maiores recursos, impunha-se dividir os custos do empreendimento em, pelo menos, duas etapas. Foi o que fez. Além do mais, os dirigentes locais acolheram-nos com muita simpatia. Além de pequeno proprietário, papai era um exímio artesão de arreios e demais derivados de couro.

O certo é que a acolhida cativou meu pai, que logo decidiu dar uma boa parada por ali, fosse para se aliviar das despesas já feitas, fosse para economizar algum dinheiro para se estabelecer melhor em seu destino final.

De imediato, fomos alojados numa parte da casa de adobe do cego Adonias. Ficava esta num dos quadriláteros da única praça do povoado, em volta da igreja do local. Mudamos, depois, sucessivamente, para dois pontos diferentes da velha Piabanha, então chamada de Tocantínia. A nossa segunda moradia era uma casinha velha de adobe que ficava ao lado das irmãs Cedenilhas. Toda a Vila Tocantínia era constituída de umas três ruas perpendiculares à praça central, onde se achava a igrejinha local. A praça era bem ampla. No tempo da seca, os pés de malva cobriam todo o terreno.

À época de nossa presença em Piabanha, todo o poder político se prendia a duas grandes famílias: os Benvindos e a família piauiense ilustre do Dr. Neuzinho Pereira. Este usava sempre um anelão no dedo e se identificava como doutor. Em que, não sei. Parece que era uma espécie de rábula, muito comum naquela época. Considerava-se profundo conhecedor da exótica ciência das leis. Gostava, portanto, de "derrubar" lei. Era como se dizia. Era reservado e solene nos modos. Um personagem que cultivava atitudes misteriosas, com ar de importância. Dizia-se que um de seus numerosos filhos acabou perdendo uma perna por teimosia dele em tratar as picadas perigosas de uma terrível jararacuçu com queimaduras de óleo quente de castanha de caju.

Nenhuma decisão importante na cidade era tomada sem se ouvir, principalmente, o senhor Antônio Benvindo Veras. Alto, de cabelos abundantes, lisos, caídos para os lados, era uma pessoa de estatura acima da média, elegante, cordial e de modos singelos, mas decididos. Acima de tudo, era uma pessoa comunicativa, um líder natural. Ele e a esposa eram compadres de nossos pais, e pareciam proteger-nos no que pudessem pela força de seu prestígio e influência.

Piabanha era um povoado muito menor que Porto Nacional. Entretanto, Piabanha se estabeleceu como povoação de catequese dos franciscanos capuchinhos quase 20 anos antes da intervenção dos missionários dominicanos em Porto Nacional. De fato, o missionário capuchinho Frei Antônio, da catequese dos indígenas xerentes, abriu o povoado de Piabanha em 1869, enquanto os dominicanos se estabeleceram em Porto Imperial 17 anos depois, ou seja, em 1886.

27. Eventos mais pitorescos da Tocantínia, antigo Goiás, hoje Tocantins

Figura 28 – Muitos motivos para celebrar

Fonte: desenho de Giovanna A. M. Aires, seis anos

E havia uma velha moradora da praça: uma ema, sem dono. Ela gostava de nos perseguir quando estávamos atirando as petecas. Ela via ali um alimento diferente e garantido. Ao menor descuido de um de nós, ela capturava seu precioso achado. Ágil como era e sagaz para correr, em requebros e trejeitos que ninguém conseguia pôr a mão nela. Quando, vez por outra, ela conseguia roubar-nos uma peteca de vidro, rapidamente a engolia. Uma vez recolhida a seu papo, só nos restava campeá-la e esperar que, um belo dia, a pobre peteca de vidro, toda carcomida pelo ácido voraz de sua moela, fosse devolvida ao solo. Também estas, já sem brilho, eram aceitas e valiam pontos. É claro que bem menos pontos, mas valiam pontos no jogo.

No universo das brincadeiras, uma era muito valorizada e cultivada com muito empenho por todos nós: jogar petecas. Havia dois tipos de peteca: a mais comum eram as também chamadas bolinhas de gude. Bolinhas de vidro em cores e tamanhos diversos. A outra era feita de couro com serragem e costurada numa base que se afunilava, culminando num feixe de penas coloridas. A primeira se jogava usando três buraquinhos no chão enfileirados com igual distância entre eles. Já a peteca de couro era tangida pela palma da mão.

Na falta de petecas e bolinhas de gude, também jogávamos castanhas de caju. Alguém colocava uma em determinada posição e ficava a certa distância. Um por vez, tentávamos, jogando, acertar naquela colocada como alvo. O que jogasse mais perto ganhava todas as castanhas já atiradas rumo ao alvo. Já o jogo das petecas de vidro consistia em acumular pontos conseguindo acertar nos três buracos sucessivos. Ganhava mais petecas quem fizesse mais pontos acumulados nos acertos dos três buracos.

Guardando tradições de longa data, os tocantinenses gostavam de cultivar o compadrio. Isso era realizado pelos festejos de São João, em que, além dos divertidos brinquedos de caminhar sobre carvões em brasa, sem queimar a sola dos pés, havia ainda a prática de leitura da sorte e do destino com agulhas flutuantes em pratos com água, ao lado das fogueiras, solicitando definições que as pessoas mais conhecedoras dessa ciência iam conduzindo, interpretando as direções que a agulha ia tomando. Havia ainda o costume de se rodear a fogueira proclamando uma pessoa amiga como compadre ou comadre. De mãos dadas, uma ia proclamando e a outra repetindo: *"Viva meu compadre, meu compadre viva; viva minha comadre, minha comadre viva".* E assim se dava toda a volta na fogueira. Concluído o círculo, estava selado o compadrio para o resto da vida.

Por aquela época, apareceu no povoado um grupo circense que promovia espetáculos atrativos executando demonstrações curiosas e provocativas. O ponto alto dos espetáculos era passar uma barra de ferro incandescente na sola dos pés ou mesmo na língua. Todos que ali estavam viam e ouviam o chiado da barra incandescente tocando a pele e até sentiam o cheiro de carne queimando.

Para criar um clima de expectativa, havia uma demonstração provocativa inicial. O líder comunicador convocava a meninada. Atava à sua cintura, nas costas, um chumaço de tecido embebido em querosene e o acendia. E colocava na mão de cada um uma vela que deveria ser acesa na chama que o palhaço levava atada em suas costas. Ele disparava correndo em círculo, sem parar.

Nossa tarefa era acender a vela. Cada um de nós corria atrás dele com a vela na mão, e ele, sempre correndo em círculo, ia provocando-nos com uma cantilena assim entoada: *"Acende a vela carcadinho, tararai, tai-taitai, tai, tai; acende a vela tripa de porco, tararai, tai-taitai, tai, tai; acende a vela dente de cavalo cansado, tararai, tai-tai-tai, tai, tai"*.

Naquela época, estava em plena efervescência o movimento nazifascista de Plínio Salgado. Recordo-me de que havia um garoto, um pouco mais velho que nós, muito empolgado com o patriotismo desse movimento que nos aglomerava em fileiras e nos fazia marchar empertigados, entoando palavras de ordem difundidas então: "Anauê, Deus, Pátria e família" (SALGADO, 1956).

28. Os festejos da Tocantínia dos anos 1940

Figura 29 – A festa celebra a vida e a fraternidade

Fonte: desenho de Stella Aires Romio, 13 anos

O ritmo pacato do povoado tinha também seus encantos. Havia, pelo menos, três festas anuais que envolviam todos. Uma delas era a festa de São João que, além das ladainhas e dos benditos cantados na igrejinha, proporcionava animados e concorridos leilões em que compareciam o mangulão e o frango assado ou um pernil de porco como as prendas mais relevantes.

Das festividades coletivas, recordo-me especialmente de duas que eram muito concorridas e animadas. A primeira, uma vez por ano, era a festa de São João. Essa festa envolvia diversas atividades. Uma delas era levantar na praça central um mastro o mais alto possível.

No topo, ia uma espécie de bandeira ostentando a imagem de São João. Diversas prendas eram presas no alto do mastro. Depois de muito bem ensebado, havia a concorrência da meninada e rapaziada para ver quem conseguia, subindo no mastro ensebado, alcançar e arrancar um dos presentes amarrados no poste. Antes de iniciar esse espetáculo, uma bela fogueira era montada e acesa ao lado do mastro. Quando essa fogueira estava em seu ponto máximo, era hora de pessoas amigas instituírem e formalizarem laços de amizade que deveriam ser observados por toda a vida. Era o momento de consagrar padrinhos, madrinhas, compadres e comadres. O cerimonial era bastante compenetrado. Definidos os pares de padrinhos, madrinhas, compadres e comadres, cada um, por vez, fazia o círculo completo da fogueira repetindo até fechá-lo: *"Viva meu padrinho, meu padrinho, viva!" "Viva minha madrinha, minha madrinha, viva!" "Viva meu compadre, meu compadre, viva!"*

Vencida a etapa de extrair todas as prendas do poste, era o momento em que toda a lenha já tinha queimado. Ficavam somente brasas e alguém as espalhava bem, criando um pequeno terreiro incandescente que era então o ponto alto do evento.

Quem tivesse mais fé conseguiria atravessar o terreiro incandescente de brasas com os pés descalços e, caminhando ou correndo, atravessar o braseiro sem queimar os pés! Isso parece uma tarefa impraticável, mas garanto que é factível. Eu mesmo a pratiquei sem dano algum para a sola de meus pés.

Não sei se hoje teria coragem, mas me recordo de que, vendo muitos conseguirem a façanha, entusiasmei-me e consegui também a minha! A festividade de São João era celebrada na noite do dia 24 de junho.

A outra grande e poderosa festividade eram as cavalhadas. Elas aconteciam durante o dia, geralmente num domingo. O líder e organizador principal era o Dr. Neuzinho, a que já me referi e descrevi. Esse era um evento bem mais solene, muito vistoso e alegre. Eram constituídas duas companhias de cavalariça. Pelo que me recordo, cada grupo era formado por 12 cavaleiros, aos pares: o grupo dos cristãos e o grupo dos mouros.

Todas as montarias eram bem enfeitadas, mantendo as características comuns de cristãos e mouros. Travava-se uma batalha de competições entre os dois grupos. Entre elas, duas se destacavam: a competição de espadas e a competição de varas. Sempre em duplas de opositores. Cristãos contra mouros. Eram as famosas cavalhadas. Os vagos traços que apresento estão limitados pelo que minha mente infantil conseguiu reter. Recorro agora a quem, como missionário, presenciou essa celebração.

29. *"IN ILLO TEMPORE"* – em tempos do estado da Guanabara

Figura 30 – Imagem do Cristo redentor no Corcovado, Rio de Janeiro

Fonte: acervo fotográfico do autor

A avenida Paulo de Frontin situa-se no tranquilo bairro do Rio Comprido, na bela Rio de Janeiro, então capital do Brasil. Era uma bela avenida, toda arborizada, disposta nas duas laterais pelo pequeno córrego rio Comprido.

Do alto das copas frondosas das árvores, nas proximidades das chuvas, milhares de cigarras rugiam loucamente, como que clamando pelas chuvas. E, nas longas e quentes tardes, comparecia sempre um solitário vendedor de biscoitos, todos os dias e no ano inteiro, ali pelas 18 horas, cantarolando, anunciava a plenos pulmões: *"Quem quer biscoitos de polviiilho. Dooce e salgadiiinho; quem quer biscoitos de polviiilho, dooce e salgadiiinho!"*

Ficávamos bem próximos a uma cordilheira de morros que culminava, ao longe, no Corcovado. Tanto que, postando-nos numa ponte levadiça que conectava nosso bloco de cinco andares a um velho casarão onde tínhamos nosso refeitório, era possível avistar o belo monumento do Cristo do Corcovado. Nos dias de plena luminosidade, a bela imagem resplandecia de brancura. Contemplar esse cenário fazia-nos lembrar do episódio relatado no capítulo 13 do Evangelho de Marcos: "Mestre, vede que pedras e que edifícios!" Ou mesmo aquele outro episódio relatado em Mateus 17:1-13: "[...] Sua face brilhou como o sol, e suas vestes mais brancas que a neve".

Noutros dias nublados, o vigilante do Corcovado parecia bracejar entre nuvens. De qualquer forma, o belo e monumental Cristo estava sempre postado lá no alto como um guardião da cidade da Guanabara.

II
PERFIS HUMANOS DO TOCANTINS

30. O aristocrata que vestiu a camisa do sertanejo: Jean H. Antoine du Noday

Figura 31 – O aristocrata que se faz sertanejo

Fonte: desenho de Giulia A. M. Aires, nove anos

Quando chegamos a Porto Nacional, Dom Domingos Carrérot já era falecido. Quem pontificava era outro francês, Dom Alano Maria du Noday. Embora de ascendência aristocrática, esse bispo era simples e despojado. Fora oficial francês e cumprira missão militar na Argélia. Embora de porte solene e aristocrático, tinha posturas muito pragmáticas. Quando em missão pelos sertões, levava apenas um acompanhante, espécie de sacristão e ajudante de ordens.

Eu, pessoalmente, tive oportunidade de acompanhá-lo em uma ou duas dessas viagens, e conferir esse seu estilo despojado e pragmático. Numa delas, recordo-me de que conheci, pela primeira vez, o café solúvel. Quando arranchamos para a refeição e descanso do meio-dia, ele retirou de seu alforje uma latinha pequena de metal com tampa impermeabilizante. Depois de aquecer a água numa chaleira, dissolveu em seu copo umas duas colherinhas do café solúvel. E que suave, intenso e agradável odor!

Falando em suas viagens em lombo de burro, devo dizer que conhecia todos os quadrantes de sua imensa diocese. Com o transcorrer do tempo e o esvair-se de suas forças, transferiu-a a seu sucessor e foi residir numa das paróquias desta como um simples pároco. Ficou naquela cidade até que minguaram de todo suas forças e retornou à sede da diocese, onde findou seus dias cercado de imensa admiração e gratidão de todos os portuenses que o conheceram.

A aristocrática pobreza do bispo

Dom Alano era um intelectual francês de ascendência aristocrática, com grande espírito de curiosidade, muito objetivo e bastante pragmático. Seus modelos e inspirações intelectuais eram, além de Santo Tomás de Aquino, Teilhard de Chardin, Henri de Lubac e Pio XII.

Essa nobreza de caráter Dom Alano transferia para sua apresentação pessoal: despojado, austero, mas adorava andar sempre impecavelmente limpo e apresentável, herança talvez de seu tirocínio de oficial da cavalaria francesa.

Prestava muita atenção ao asseio pessoal. Nunca o vi de barba descuidada. Pelo que pude notar, ele associava limpeza com pureza de alma e de caráter. Gostava mesmo de realçar essa condição de pureza, ligando-a à própria santidade. Nalgumas palestras que nos fez, relatou o arminho que, para não macular a brancura de seu pelo, não vacilava fazer longos percursos para contornar estreito lamaçal. Lema do animal: a morte à desonra! Nunca o vi malvestido ou sujo. Andava em carroceria de caminhão se fosse preciso, mas apreciava tomar depois um bom banho e apresentar-se bem. Notei, por diversas vezes, que discretamente censurava a displicência de alguns padres que se apresentavam descuidados.

O breviário em lombo de burro

Dom Alano recitava diariamente o breviário. Naquela época, antes do Concílio Vaticano II, esse texto de orações era todo escrito em latim. São diversas orações com vários salmos e escritos dos santos padres. Ao todo, ocupa umas duas horas de devoção.

Como não se dispensava dessa obrigação religiosa, usava trechos mais longos da viagem e da estrada para rezar o breviário. Entretido nesse santo ofício, não percebeu que havia um galho de pau atravessado pelo caminho. Quando deu por si, estava no chão com breviário e tudo.

Felizmente, além de um galo na testa, não sofreu maiores danos. Apenas se levantou, "sacudiu a poeira e deu a volta por cima".

Eu o ouvi relatar esse episódio achando bastante graça de si mesmo e do fato.

Austero, disciplinado e culto

Apesar de muito disciplinado e austero, Dom Alano não dissimulava o prazer de um bom café ou o encantamento de ouvir uma boa música, de preferência, clássica.

Não obstante, era um intelectual que cultivava o hábito de, quando em sua sede, estudar diariamente Santo Tomás de Aquino e preferir fazê-lo sempre em latim. Não sei se tinha o domínio fluente do hebraico, mas era bem familiarizado com o grego. Por uma ou outra vez, presenciei-o referindo um ou outro termo grego e, inclusive, hebraico.

Apreciava muito ler textos clássicos e da atualidade. Entre os clássicos da literatura brasileira, recordo-me de ouvi-lo manifestar sua grande estima e admiração pelo livro de Euclides da Cunha, *Os sertões* (1973). Tenho quase certeza de que fez essa leitura como seu primeiro exercício de se familiarizar com a cultura e tradições do Brasil.

Em outra situação, vi-o com lágrimas nos olhos quando comentava a dura prova a que a Santa Sé submetera seu conterrâneo, o cientista, antropólogo, teólogo e pesquisador Teilhard de Chardin. Esses inquisidores de então suspeitaram de algumas de suas teses ousadas que lhes pareciam contaminadas por teses materialistas de Karl Marx.

Ouvi-o, por diversas vezes, discorrer, com familiaridade, sobre escritores franceses como Maritain, Sartre, Flaubert, Péguy etc.

Anos mais tarde, já como presbítero e incumbido por ele próprio da formação dos jovens seminaristas menores, tive o privilégio de residir em quarto defronte ao de Dom Alano. E posso testemunhar alguns outros predicados humanos e cristãos dele.

Pude observar que, além da piedosa recitação diária do breviário, recorria aos originais gregos aprofundando o entendimento de trechos especiais das Sagradas Escrituras.

Recordo-me de que o vi discretamente em pé, ao lado da porta do meu quarto, numa atitude de quase arrebatamento, escutando as músicas clássicas que eu ouvia, como a *Sinfonia pastoral*, de Beethoven, ou até mesmo *As quatro estações*, de Vivaldi.

Hoje, mais que àquela época, faço uma ideia do quanto ele se penitenciava privando-se de ter um simples equipamento musical para desfrutar de prazeres tão simples e puros como ouvir músicas clássicas.

Entretanto, não se pense que era um intelectual em fuga da realidade. Quando não estava em suas viagens pastorais, gostava de, pela tarde, quando o calor do dia se amenizava, colocar um chapéu e ir visitar algum doente de que tinha conhecimento, um pobre mais carente ou, simplesmente, saber dos novos moradores e dos novos bairros que iam surgindo na cidade. Era o pastor indo ao encontro das necessidades pastorais de seu povo.

Lembro-me de que, uma ou outra vez, esteve em nossa residência tratando de ouvir opinião ou orientação profissional de meu pai sobre eventuais consertos nos arreios de sua montaria.

31. O que vi e ouvi de um intrépido missionário dominicano

Figura 32 – Frei Alano M. du Noday. Convento dominicano Saint-Servant, França

Fonte: acervo do autor

Ouvi do próprio Dom Alano o seguinte pitoresco episódio: andava o bispo em uma de suas desobrigas. Ao chegar a um ponto ermo do cerrado goiano, deparou-se com uma linda e irresistível nascente de águas cristalinas. Era meio-dia a pino. Olhou em volta e não enxergou ninguém. Decidiu então tomar um refrescante e revigorante banho. Quando estava no melhor de sua contemplação e exaltação da mãe natureza e, decerto, louvando a doce e casta irmã água, ouviu uma vozinha de criança: *"Ancê abença?!"*

Pelo modo como relatava o episódio, imagino que o bispo estivesse tomando seu refrescante banho amparado apenas pela veste de Adão e Eva.

Outro relato. Estava o bispo numa grande rodada de pais e padrinhos conferindo o batismo. Ao chegar a determinado padrinho, indagou: *"Homem ou mulher?!"* Pego de surpresa, o padrinho improvisado ignorava esse item. De imediato, foi pegando nos paninhos do batizando e respondendo: *"Só olhando!"*

Incluo ainda outro episódio que denota o espírito de sensatez do bispo. Isso ocorreu na própria sede do bispado, Porto Nacional. Duas famílias, residentes no próprio município, compareceram à secretaria paroquial para dar os nomes e acertar a celebração do casamento de dois jovens.

Acontece que, já no dia de fazerem esse registro, chegou ao conhecimento do noivo que a noiva não era mais virgem. Revoltado, o noivo decidiu que não queria mais o casamento. A família da noiva, a quem cabia todas as despesas do casório, ficou apavorada porque, àquela altura, os gastos da festança estavam já feitos. Toda a comilança estava preparada. Como poderiam suspender o evento?! Conversa daqui, conversa acolá; argumenta isso, argumenta aquilo, nada adiantava. O decidido noivo permanecia inflexível em sua decisão. Vencidas todas as tentativas, noiva e sua mãe já aos prantos, alguém teve a luminosa ideia de recorrer à autoridade religiosa máxima, o bispo. Vendo toda aquela aflição e o pampeiro de mãe e filha, o bispo teve um poderoso insight.

Iniciando o diálogo com o noivo, sapecou-lhe uma questão que nunca lhe passara pela cabeça. *"Por que não a aceita para esposa?!"* Bem direto, o noivo respondeu: *"Porque ela não é virgem!"* No mesmo tom direto, o bispo questionou: *"E você, é virgem?!"* Por aquela, o pobre do noivo não esperava. Com a mesma sinceridade, teve de abandonar sua objeção.

Caídas as máscaras, o jovem, sem maiores dificuldades, aceitou o casório e tudo ficou em paz. Os pais da noiva e a própria se acalmaram, e tudo acabou bem!

Não jogar poeira na cara do pobre!

Muito fiel a seu compromisso de pobreza, nunca teve veículo automóvel de posse e uso pessoal. Gostava de dizer, com lágrimas nos olhos: *"Não tenho coragem de jogar poeira na cara dos pobres"*. Sou testemunha de que foi absolutamente fiel a essa diretriz.

Antes de os ônibus aparecerem por aquelas bandas, andava sempre de carona e, se preciso fosse, na carroceria de um velho e sacolejante caminhão. E eram bem poucos os que se aventuravam rodar por aquelas ínvias paragens.

No convívio dos amigos

Apreciava uma conversa inteligente e detestava conversações vulgares. Havia na cidade uma meia dúzia de pessoas que desfrutavam de sua confiança maior e amizade. Estas tinham liberdade de ingressar no convento, sem se anunciar ou consultar, e de adentrar o recinto restrito. Entre elas, devo mencionar o senhor Manoel Mascarenhas, de família tradicional da cidade. Era um senhor bem apessoado, elegante, espirituoso e brincalhão.

Tocava a campainha da portaria unicamente para que o porteiro de plantão lhe abrisse as portas. Não dizia nada, apenas fazia uma vênia e avançava impoluto rumo ao quarto de Dom Alano. Entrava quase sem pedir licença e, depois, cumprimentava o bispo, respeitosamente.

Tinha um repertório de episódios e anedotas quase inesgotável. O tom era sempre jovial e de brincadeiras inteligentes que tanto agradavam a Dom Alano.

Quando ele tinha chance, entretinha também os seminaristas, nos momentos de nossa recreação. É dele o relato descritivo um tanto fantasioso da reza da ladainha em latim pelas velhinhas do sertão. Com uma verve temperada com bastante criatividade, "imitava" a cantoria das velhinhas rezadeiras:

> *Regina especa no loru* (Regina speculorum); *especa na justiça* (speculum justitiae); *casa nova estrela trisca* (causa nostrae laetitiae); ora pro nobis. *Turra zebu* (turris eburnea); *visga no pé de Cãinda* (virgo praedicanda); *casa nova estrela trisca* (causa nostrae laetitiae); ora pro nobis!

Outro de que Dom Alano apreciava a companhia era o velho Campos, antigo telegrafista dos Correios. Esse era mais picante nas suas ironias, por vezes, um tanto deselegantes. Fazia comentários irônicos sobre as pessoas. Um de seus episódios, inclusive, passou a integrar o elenco de ironias a que Dom Alano gostava de recorrer para ilustrar a sagacidade humana.

Consta que os personagens eram verdadeiros e, infelizmente, os fatos ocorreram com pessoas conhecidas de Porto Nacional.

Os nomes se esvaíram de minha memória, mas me restou o fundo do relato. Comentava que dois conhecidos portuenses, quase amigos, estabeleceram uma sociedade no comércio. Um entrou com o dinheiro e o outro, com a experiência. Transcorridos alguns anos, o que entrou com a experiência saiu com o dinheiro, e o que entrou com o dinheiro saiu só com a experiência!

Vida intelectual

Quando não estava em desobrigas ou visitas pastorais, Dom Alano gostava de se dedicar a horas seguidas de estudioso entretenimento ou a leituras teológicas e espirituais.

Como bom dominicano, dedicava muito tempo a ler e reler passagens especiais da *Suma teológica* de Santo Tomás. E o fazia nos originais latinos. Apreciava reler também as Sagradas Escrituras recorrendo, inclusive, ao grego, em que parecia ter um bom domínio.

32. O nobre e o plebeu: duro diálogo!

Figura 33 – Um diálogo impossível

Fonte: desenho da Giulia

Nesse contexto, devo mencionar dois fatos que ilustram este apreço ao nobre e aversão e repulsa ao vulgar. Primeiro fato. Certo dia, pela tardezinha, no pátio interno do convento, Dom Alano conversava tranquilamente com o Sr. Felipe, administrador e zelador da fazenda Mato Escuro. Entre outras coisas, desejava informar-se sobre o estado de saúde do seu animal de montaria preferido para girar em suas desobrigas. O tom da conversação mais reservado se alterou quando o Sr. Felipe, pessoa de linguagem um tanto rudimentar, observou que a mula a que se referia o bispo não estava muito bem por causa dos maus-tratos do

"Fostino". O zelador, em sua rude expressão, esclarecia que a tal mula não se encontrava muito bem porque seu último usuário, o "Fostino", tinha judiado muito do pobre animal. O Sr. Felipe, ao suprimir o apropriado pronome de tratamento, padre Faustino, queria, decerto, reprovar a conduta inadequada daquele usuário. Mas como rudemente omitira o adequado predicado de tratamento, o bispo provocava seu interlocutor para ver se ele se dava conta de sua linguagem desrespeitosa. *"Quem fez isso? Quem fez isso?!!"*, repetiu Dom Alano. Felipe já declarara: *"Foi o Fostino"*. Ao que o bispo, já um tanto irritado, para induzi-lo a se corrigir-se, repetiu: *"Que Fostino, que Fostino?!"* Ao que insistiu o seu rude interlocutor: *"O Fostino, home, o Fostino!"* Só então o bispo inseriu sua correção: *"Ah, sim, o padre Faustino; o padre Faustino!"*

O segundo relato dá conta dessa postura enquadrada numa certa liturgia de seu cargo e função. Nós, padres mais jovens, ávidos por respirar práticas mais liberais no ambiente presbiteral, pensamos pleitear que o bispo nos autorizasse a adotar trajes civis, dispensando a batina. Todos nós sabíamos que o bispo era muito cioso de uma observância estrita das normas vigentes. Sabíamos também que o bispo tinha muita admiração e apreço pelo padre Pedro Piagem. Negro inteligentíssimo e versátil, ele era dono de um repertório jocoso e com muita ironia, dos poucos que faziam Dom Alano rir à vontade.

Os mais sagazes dentre nós pediram que padre Pedro fosse nosso porta-voz nesse pleito. Na hora apropriada, o esperto presbítero, com muitos circunlóquios e muita diplomacia, introduziu a indigesta proposta. Mal concluiu, foi como se um raio tivesse caído do céu e fulminasse o zeloso bispo. Sempre muito cordato e respeitoso, diante de tão inusitado pleito, empalideceu e emudeceu. Pego de surpresa, na hora, não disse sim nem não! Apenas levou as duas mãos à cabeça e, logo que pôde, encerrou sem mais nem menos a tal reunião! Alguns anos mais tarde, o próprio bispo adotou o traje *clergyman*. Noutras situações, apenas calça e camisa com colarinho eclesiástico!

Estilo e perfil de um aristocrata

Logo depois do Concílio Vaticano II, movido, talvez, pelo seu exigente código de honra e fidelidade, Dom Alano realizou uma primeira reunião para ouvir nossas opiniões sobre o andamento de nossas posturas. Acostumado a decidir tudo sozinho sem consultar seus súditos, era fácil notar o constrangimento e o esforço que fazia para tentar diálogos coletivos que nunca cultivara.

Quando o peso dos anos e as longas fadigas das desobrigas anuais desgastaram seus membros e músculos e, no andar, seu dorso, por vezes, arqueava-se, sem demora ele, tão logo notava, subitamente, reordenava seu alinhamento, postando-se ereto!

Desde que o conheci, pela primeira vez, trajava uma batina de linho impecavelmente branco. É que todas as vestes e vestimentas de uso pessoal eram religiosamente cuidadas pelas irmãs dominicanas.

33. Padre João de Sousa Lima, "O coronel" da antiga Boa Vista

Figura 34 - Padre João de Sousa Lima

Fonte: Wikipedia/ Google

Tio Henrique fora uma espécie de sacristão do famoso Padre João da Boa Vista. Quando criança, ouvi do tio Henrique que aquele presbítero fora autorizado por seu Bispo de Goiás Velho a passar uma temporada no povoado de Boa Vista dando assistência a seus pais adoentados.

Acontece que os anos foram passando, e o jovem padre parece que se esquecera de retornar à diocese a que pertencia. Nesse meio--tempo, foi criada a Diocese de Porto Nacional, e a cidade de Boa Vista passou a integrar a circunscrição da nova diocese.

Já como segundo titular dessa diocese, o jovem e disciplinado Bispo Dom Alano convocou seu ignoto presbítero.

O zeloso Bispo expediu um telegrama convocando o arredio padre para sua circunscrição eclesiástica. Muito cioso de sua liberdade e autodeterminação, este respondeu, rispidamente: "Aqui estou, aqui fico". Ao que o antístite respondeu: "Fica, porém, suspenso!" E ficou mesmo.

A verdade é que, naqueles velhos tempos e no sertão brabo daquela época, quem estava ligando se seu vigário era casado, solteiro, amancebado ou viúvo, autorizado ou suspenso? Que importavam essas filigranas do direito canônico que só os eclesiásticos conheciam?!

O que o jovem e idealista Bispo francês ignorava é que, naquele sertão de Goiás, o velho Padre João exercia um poder tal que, por aquelas bandas, era juiz, Bispo e governador. Nas redondezas, todos sabiam que ele era a lei e o poder. O que importava um desconhecido decretozinho de um jovem Bispo? Padre João sabia que ninguém poderia afetá-lo. Se no Ceará quem mandava era Padre Cícero; em Goiás, quem mandava era Padre João. Tinha muitos capangas sob suas ordens.

Decerto, Padre João desejava impor sua liderança tanto no campo religioso como no político. E não teria sobrevivido no clima de acirramento vigente sem montar uma infraestrutura sólida que o garantisse diante de todos os reveses. Pessoalmente, sou testemunha desse clima político conflituoso que dominava todo o estado de Goiás.

Já em plena década de 1960, acompanhei o Bispo Dom Alano numa missão de paz na Câmara Municipal. As duas facções da casa estavam armadas, prontas para resolver suas dissidências à bala!

Com firmeza e determinação, o Bispo Dom Alano conseguiu que os conflitantes entregassem suas armas. Eu ajudei a recolher o armamento.

34. Vivendo e aprendendo sob a competente batuta de Madre Nely

Figura 35 – Madre Nely no jardim interno convento de dominicanas do Cabaçal

Fonte: arquivo Neiva

A Irmã, Madre Nely, superiora das dominicanas, era uma educadora mineira morena, de baixa estatura. Rosto oval, com traços delicados, e gestos expansivos mas comedidos, com ares de aristocracia. Erudita e culta, era capaz de entreter seus ouvintes mais exigentes numa convrsa sempre interessante e proveitosa. Muito dinâmica e criativa. Era de uma simpatia irradiante e contagiosa. Madre Nely irradiava liderança e se destacava. Era uma pessoa vibrante, vivaz, cheia de vida e sagacidade! Bonita e muito simpática!

Nessa época, o hábito talar era indispensável. Todo o corpo do(a) religioso(a) era amparadopor uma veste que se estendia até o calcanhar, deixando aparentes apenas sapatos pretos e meias brancas.

As amplas mangas dos braços deixavam à mostra apenas as mãos e permitiam enfiar um dos braços dentro de uma das mangas.

Sobre essa ampla veste caía em torno do pescoço e sobre os ombros, descendo na parte anterior e posterior do corpo, um vistoso poncho, chamado escapulário. Atada à cinta havia ainda um Rosario completo, constituído por contas graudas aparelhadas em madeira. Este era aprisionado à altura do abdome por uma cinta de couro.

Na parte superior da cabeça a religiosa portava um véu de cor preta, envolvendo toda a cabeça e aprisionado por discretos alfinetes ou algo assemelhado. Sob esse véu havia uma espécie de invólucro, em torno de toda a cabeça, deixando exposto apenas o rosto.

Assim emoldurado, os olhos vivos e brilhantes de madre Nely avultavam e destacavam logo sua pessoa. No olhos ou no traçado da boca e lábios, num diálogo de natureza chistosa, ela deixava bailar um quê de astuciosa ironia.

Tinha no seu porte uma nobreza natural e instintiva. Dom Alano a admirava imensamente. E adorava estar e desfrutar de sua companhia e sua conversação sempre distinta e sem vulgaridades. Quase todos as tardes, após o jantar, Dom Alano apreciava partilhar a recreação na comunidade das suas irmãs dominicanas.

Sabíamos que Dom Alano gostava de pedir que Madre Nely o imitasse, como ela adorava fazer, para delícia de todos. Mas fazia isso com muita distinção e elegância, sem jamais resvalar para a vulgaridade. Foi o que me disseram! Pessoalmente, nunca presenciei esse evento amistoso que, de certo, ela reservava para os mais íntimos.

Pelo que sei, vinda do triângulo mineiro, ao chegar na pacata Porto Nacional imprimiu um novo dinamismo ao educandário da comunidade bem como a toda a cidade.

Sabedor de todos esses predicados, sem demora, Dom Alano recorreu à dinâmica educadora para aprimorar o ambiente do seu pequeno grupo de seminaristas que cultivava no Seminário São Jose. Além de estudar e rezar, os jovens perdiam longas horas numa vazia recreação.

Dava para notar que essa folga toda incomodava muito a Dom Alano. Foi então que Dom Alano recorreu à Irmã Madre Nely, superiora das dominicanas.

Ela então, desencadeou verdadeira revolução em nossos hábitos. Quebrou a monotonia das recreações sem fim e introduziu o saudável habito do trabalho em horta comunitária. Introduziu o trabalho das hortas em nosso quintal. Orientou toda a fase de criação dos canteiros; organização das equipes que cuidavam de cada canteiro. Orientou como plantar e o que plantar. Onde buscar e como produzir adubos adequados.

Passamos a colher alfaces lindas e belos tomates e berinjelas. Passamos a consumir uma boa variedade de verduras do nosso próprio plantio. Nunca mais faltou verdura em nossa mesa. Foi nessa época que aprendi com ela que uma erva rasteira que brotava em nosso quintal, como erva daninha, a tal de beldroega, era uma excelente hortaliça. Contendo muito ferro. E de sabor bem agradável. Foi uma feliz e bela experiência pedagógica!

Por quatro ou cinco anos, pelo que me recordo, foi superiora e Diretora do Colégio Sagrado Coração de Jesus, em Porto Nacional, TO.

35. Irmã Maria Radegundes: intrépida remanescente das missionárias francesas

Figura 36 – Foto de missionária dominicana, desconhecida

Fonte: Wikipedia/Google

Pois posso dizer que, talvez, quem sabe, fui dos últimos alunos da Irmã Maria Radegundes, que também, quem sabe, talvez, foi a última missionária das irmãs dominicanas do rosário de Monteils que chegaram a Porto Nacional no dia 31 de agosto de 1904.

Entre os anos 1952 a 1954, fui aluno do Colégio Sagrado Coração de Jesus. Todas as professoras eram irmãs dominicanas. Uma delas, que mais me chamou a atenção, era uma freirinha bem miudinha, talvez menos de um metro e sessenta e já bem idosa, pele bem enrugadinha, com pintas escuras nas costas das mãos. Talvez estivesse já com mais de oitenta anos. Mas sendo ainda lúcida, insistia em manter suas aulas de matemática. Tinha já um andar incerto, coluna gravemente arqueada para a frente, quase trôpego. Sua fala era trepidante, entrecortada, como pequenas cascatas. Usava óculos de lentes translúcidas elegantes e um tanto grossas. Muito organizada e disciplinada, quando em sala de aula, envergava um indefectível avental branco para proteger seu precioso habito religioso do intenso pó de giz que esvoaçava de seu operoso quadro negro. Pois, nesse seu "campo de batalha" irmã Radegundes, com letrinhas miúdas e trêmulas ia profusamente espalhando números e símbolos matemáticos.

Um dos assuntos, para mim, mais obscuros que tentou nos ensinar foi a tal da raiz quadrada e também geometria.

Usava sempre uma varinha delgada de madeira, que tinha a dupla finalidade de, açoitando as carteiras, chamar nossa atenção e também apontar no quadro negro o assunto ou os números a que estivesse se referindo.

Poderia dizer que a melhor e mais profunda e importante lição e ensinamento dessa freirinha e o seu legado mais valioso foi, sem dúvida, o espírito de disciplina, abnegação e despojamento de vaidade.

E foram exatamente esses os Valores que atraíram o interesse do papai ao escolher Porto Nacional e não Carolina no estado do Maranhão. Situada à margem direita do rio Tocantins, essa cidade maranhense, Carolina, praticava o francês em suas reuniões e eventos culturais.

Com talvez meus 7 anos, recordo-me de ouvir meu pai dizendo à minha mãe, ao retornar da viagem exploratória:

"Marica, Carolina, logo aí na frente, na curva do Rio Tocantins, é uma bonita cidade. Bem mais desenvolvida que nosso povoado, Babaçulândia. Bem que poderíamos morar ali. Mas o povo tem uma mentalidade vaidosa. Os homens andam sempre de paletó e gravata, com o maior calor do dia, e as madames sempre com vestidos finos e importados da França. Nas reuniões sociais, que chamam de *"soarées"*, eles exibem a fala do francês. Vi logo que ali não é lugar de família pobre educar seus filhos. Subindo o Rio Tocantins, umas cem léguas, encontrei a cidade de Porto Nacional. É uma cidade bem maior que Carolina. Lá, residem as freiras e frades dominicanos. Ah, ali sim é lugar de família pobre educar seus filhos. Imagine, Marica, que, pela manhãzinha e pela tarde, cansei de ver normalistas. Imagine, "nor-ma-lis-tas" com pote na cabeça, levando suas vasilhas de alumínio areadas brilhando ao sol. É para lá que nós vamos, Marica. Encontrei amigos e até parentes por lá. Me disseram que o Dr. Chiquinho, o mais famoso médico da região, é da família dos Aires. Nosso parente, portanto! Vamos para lá."

36. O anjo e a águia, bela cumplicidade.

Figura 37 – Anjo e águia, na mitologia grega

Fonte: Google Imagens

Seu nome era José Barros. Era um maranhense baixinho, reforcadinho, simpático, generoso, sempre disponível e falante. Fomos colegas também no Seminário do Rio. E aqui devo registrar um evento singularíssimo, que presenciei.

O simpático maranhense, perito em estórias de trancoso, tinha uma memória angélical. Nas férias escolares, ele era capaz de nos brindar com duas ou mais estórias de trancoso por noite e por todo um mês sem repetir uma sequer. Naquelesenredos fantásticos povoados de Reis e rainhas, sob umas querosene sapo e uma inocente rã, se ocultaram reis e rainhas metamorfoseados por poderosas e malvadas bruxas. E, sob um velho toco à beira da estrada se ocultaram negros sábios.

Cada uma delas sempre terminava com o mesmo jargão: "entrou pelo bico do pinto, saiu pelo bico do pato! Rei, meu senhor mandou dizer prá contar mais quatro!". Assim era esse simpático e inesquecível colega!

Mas sua capacidade de abstração logica e especulação eram bem limitadas. Extremamente instintivo como era, sem demora, encontrou uma solução genial para esse pequeno problema. Logo encontrou um colega, de sua turma, que era uma águia na compreenão de tudo o que os professores explicavam. Apenas, não conseguia memorizar os assuntos. Estavamali as bases para uma sociedade genial.

O Barrinhos, com sua memória angélical, ia recuperando o que dissera o professor e o colega águia trocava em miúdos o obscuro sentido daquelas coisas.

Assim, os dois cultivavam e aproveitavam, como ninguém, a riqueza da diversidade!

37. "Santo Atanásio" dos cerrados do Tocantins

Figura 38 – Santo Atanasio

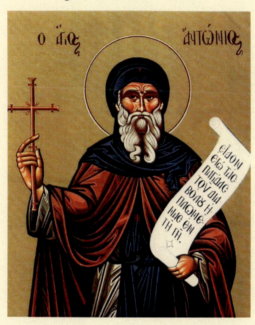

Fonte: imagem do Google/Wikipédia

No discurso do Nazareno, os primeiros devem ser os últimos e os últimos, os primeiros. Neste memorial de "pensamentos idos e vividos", evoco uma figura humana que, aparentemente, seria o último em condições de ser modelo ou protagonista de algo! Mas, colocando sobre ele uma lupa especializada em vasculhar a intensidade da dimensão do ser humano que ali se esconde, tudo se inverte! E aquele que, nas palavras de si mesmo, é o último dos mortais e *"o pior padre na pior paróquia da diocese"*, torna-se um príncipe disfarçado! Quem o conheceu sabe que estou me referindo ao padre Faustino.

Não foi à toa que mandou inscrever no seu santinho de ordenação as sábias palavras do primeiro livro de Samuel, 2:8: "O Senhor levanta do pó o necessitado e do monturo ergue o indigente e dá-lhe assento entre os príncipes!"

De fato, se reparássemos apenas na modesta figura do padre Faustino, poderíamos pensar que aquela criatura taciturna e tímida era um modesto e apagado sacristão. Ou ainda o discreto porteiro ou jardineiro da comunidade. Deslocava-se com os membros tensos em passinhos apressados, como se estivesse querendo sumir da vista. E nos dava a impressão de que gostaria de não ser visto nem aparecer a olho nu. Parecia querer ocultar-se nas dobras de sua modéstia e acanhamento.

De baixa estatura. Talvez com seu 1,62 metro. Estrutura física sólida. Nem gordo nem delgado. Cor branca e cabelos crespos e lisos, sempre penteados para a frente e para os lados. Testa pequena e abundante cabeleira. Tinha sempre que fazer sua tonsura, obrigatória naquela época para todos os clérigos. A referida tonsura consistia numa abertura circular, bem no topo da cabeça, incidindo, exatamente, no redemoinho central do crânio.

Sobrancelhas espessas e nariz curto e grosso. Lábios finos e bem alinhados. Mantinha-os quase sempre cerrados, receoso, talvez, de lhe escapar alguma palavra e acabar sendo visto ou ouvido por alguém.

Reservado nos gestos cotidianos e mais ainda no falar. Extremamente tímido e acanhado.

Como se vê, tinha baixíssima autoestima. A tal ponto de, nos momentos de depressão e desgosto, definir-se como o pior padre na pior paróquia, Natividade. Era muito escrupuloso no cumprimento e no desemprenho das funções sacras. Por exemplo, no momento solene da consagração, costumava pronunciar as palavras escaneando cada uma das sílabas, por vezes, repetindo: *"Hoc est enim corpus meum!"* (Isto é meu corpo!)

Entretanto, contrastando com sua presença e aparência modestas, era portador de inteligência e memória acima do comum. Era dono de excelente e sólida cultura humana e teológica.

Com um pendor para as artes estéticas e para a literatura. Muito identificado e solidário com os que sofriam, adorava os poemas de

Castro Alves, sobretudo "Vozes d'África". Tive o privilégio de ouvi-lo declamar poemas inteiros desse poeta.

Muito sensível às injustiças sociais, nada o enfurecia mais que testemunhar ou relatar episódios de exploração humana. As mentiras e os desvios teológicos o enfureciam da mesma forma. Nessas horas, tomado de uma fúria sagrada, proferia ferinas invectivas do mal e do perverso com palavras incandescentes de revolta. Tomado de humano furor, atropelava as palavras em cascatas, emitindo espumas nos cantos da boca! Foi exatamente por isso que o colega, padre Juraci, ferino e perspicaz, presenciando episódios semelhantes, cunhou um epíteto muito adequado para esse perfil do padre Faustino, defensor ardoroso das justas causas. O espirituoso colega definiu o padre Faustino como: *"O Atanásio do século XX; defensor impertérrito da ortodoxia cristã!"* Posso dizer, com toda certeza, que nenhum dos presbíteros de sua época dominava melhor a teologia e a pregação. Ninguém era mais conciso, intenso e incisivo do que ele nos seus sermões. Dono de luminosas intuições de pensamento. Para quem aprecia a propriedade e a intensidade de linguagem, seus sermões eram algo belo de se ver. Suas metáforas fulguravam como raio em tempestade! Ninguém como ele se ajustava melhor ao provérbio latino: *"Esto brevis et placebis!"* (Seja breve e agradarás!).

38. Um padre alemão
no setentrião goiano – Padre José Klaus

Figura 39 – Um padre alemão metido a brabo

Fonte: desenho de Giovanna A. M. Aires, seis anos

Padre José Klaus era o seu nome. Tive o privilégio de conhecê-lo pessoalmente e, até mesmo, trançar longas conversações sobre temas eclesiásticos e até políticos. De estatura média e compleição delgada. Pele muito clara. Olhos de tonalidade azul bem intensa. Sobrancelhas e cílios quase amarronzados. Quando o conheci, estaria já se aproximando dos seus 50 anos. Dominava bem a sintaxe da língua portuguesa e não apresentava aquele sotaque duro do alemão, trocando e confundindo os gêneros de substantivos e adjetivos. Muito consciente e disciplinado, praticava uma concordância perfeita, sem nenhuma discrepância, com uma impecável concordância nominal e verbal. Quem não o conhecesse previamente, pensaria que era apenas um sulista, um gaúcho qualquer! Em síntese, falava fluentemente o idioma português. Tinha um timbre de voz mais agudo e metálico. Num auditório de 300 a 500 pessoas, dispensaria microfone ou alto-falante! Tinha cabelos lisos e bem loiros, já bastante ralos, com uma calva bem acentuada que até lhe dispensava do incômodo de abrir e manter sua tonsura, indispensável para todo clérigo.

Apreciava uma discussão acirrada. Sentia prazer em relatar acalorados debates com pastores protestantes. Em seus relatos, o pastor protestante sempre saía perdendo.

Se não me engano, foi dele que ouvi o episódio ocorrido no norte de Goiás, entre um pastor e um padre que estavam sempre se bicando. Certa feita, o pastor protestante quis zombar do padre que vinha montado num jumentinho e este, na travessia de um pequeno córrego, empacou. Quanto mais o padre esporeava o bicho, mais ele se encolhia, a tal ponto que acabou deitando-se para não romper caminho. Vendo aquilo, com ar vitorioso, o pastor gritou para o padre: *"Não adianta, seu padre. Esse aí não tem mais jeito não, o senhor já pode até dar extrema-unção pra ele"*. Ao que, muito sagaz e muito mais esperto, o vigário objetou: *"Mas eu não posso dar extrema-unção pra ele. Ele é pastor!"*

Tratando-se do padre Klaus, todos sabiam que ele adorava uma briga. Pelo menos de boca! Aliás, seu maior prazer era mesmo o conflito em si. No acalorado do debate, seus olhos se encandeciam de uma luminosidade mais intensa.

Nesse contexto, lembro-me perfeitamente, foi por ele que ouvi descrições animadas das famosas querelas que o padre João de Boa Vista tinha com os coronéis do interior goiano. Pelo que notei, qualquer briga já despertava o interesse do padre Klaus. Recordo-me de ouvi-lo descrever todo entusiasmado o episódio ocorrido, não sei se com o próprio. O ladrãozinho estava invadindo o quintal do vizinho e levou um tiro de salga-bunda! Os chumbinhos miúdos, combinados com bastante sal, produziram uma intensa inflamação que deixou o meliante acamado!

Como o povoado era pequeno, no dia seguinte, não foi difícil para o reverendo ficar sabendo quem é que amanhecera acamado.

E, para tripudiar sobre o miserável invasor, o atirador teve o capricho e o prazer de fazer uma visita de condolências!

Um desfecho como esse ganhava, na certa, uma garantida explosão de gostosas gargalhadas de nosso querelante padre José Klaus!

Ainda nesse departamento do conflito, recordo-me bem de que o padre José Klaus e eu tivemos um pequeno arranca-rabo. Eu, jovem presbítero, e ele já um sexagenário. Empolgado com as decisões do Concílio Vaticano II, eu defendia a substituição do latim da missa pelo vernáculo. Claro que padre Klaus estava muito descontente, quase revoltado por essa ousada medida do Concílio. O zeloso padre alemão, com razão, argumentava que o latim era uma língua de conhecimento universal da Igreja romana e, portanto, um vínculo garantido da comunicação universal da Igreja!

Anos mais tarde, pude conferir a vantagem dessa condição então alegada pelo já bem vivido padre Klaus. Eu, ainda bem inexperiente na vida das comunidades, então, não atinava para esse pequeno, mas relevante detalhe! Na temporada dos quatro meses que residi na Alemanha, entendendo bem pouco do alemão, apreciei muito quando, numas missas de que lá participei, rezava-se o pai-nosso em latim. Isso era, para mim, um precioso momento em que eu podia sentir-me parte de um todo, mais à vontade e participante!

39. Um genuíno mestre-escola tocantinense dos anos 1950

Figura 40 – O mestre ensina sob a árvore

Fonte: imagem do Google/Wikipédia

Nos primeiros anos de meu ingresso no Seminário São José, eu tive a oportunidade de conhecer uma figura humana com múltiplas e singulares peculiaridades e idiossincrasias. Era um rapaz solteiro dos seus 50 anos. Avelino era o seu nome! Ostentava na abundante cabeleira, bem no ápice da testa, uma moita de cabelos brancos e encaracolados, caindo sobre a testa e sempre em desalinho.

Residia na vizinha cidade, ou melhor, no povoado do Taquaruçu, mas, por diversos motivos, periodicamente emergia entre nós. Por já ser muito bem conhecido de todos, não precisava justificar a que viera ou o que pretendia. Pelo contrário, era por todos muito bem acolhido. Logo se concluía que era por todos bastante estimado. Quase nunca vinha sozinho. Como bom mestre que muito se preza, trazia sempre a tiracolo um jovem aprendiz, espécie de ajudante de ordens.

Como chegava, assim saía, inesperadamente. Não parecia ter pressa nem de chegar nem de sair. Ou melhor: denotava nunca ter pressa para nada. Hospedava-se num dos cômodos disponíveis e tomava as refeições na cozinha mesmo. Era amigo de todos os serviçais, como o Benicio e o Enedino.

Pode-se dizer que era uma preciosa amostra dos últimos exemplares dos mestres-escolas de antanho! Mestre Avelino era dono de uma religiosidade vasta, intensa e um tanto afetada. Alguns maldosos diriam que seria um quase híbrido humano: feições e estrutura masculina com trejeitos um tanto femininos. Essa figura era também um dos últimos remanescentes do trabalho dos primeiros missionários dominicanos. Decerto, seu perfil humano e cristão fora talhado à imagem e à semelhança dos servidores dos missionários dominicanos.

Na complexa agenda de um missionário daqueles tempos, poder-se-ia dizer que mestre Avelino era um mestre-escola quase perfeito. É claro que o "quase" fica por conta das restrições que a figura poderia merecer ou desmerecer em virtude dos traços de hibridez com que a ingrata natureza humana o aquinhoara! Na verdade, descontando esse pequeno senão, mestre Avelino era um ser humano de muitas e preciosas qualidades. Sim, porque num tempo em que, além do "seu vigário", eram poucas as criaturas humanas que sabiam as quatro operações básicas de matemática, ler e escrever. Mestre Avelino ostentava o invejável predicado de "mestre-escola".

Pois bem, mestre Avelino do Taquaruçu, além das artes do seu ofício, dominava muito bem todos os rudimentos do velho catecismo tridentino. Incumbido de desasnar os candidatos à primeira comunhão e aos sacramentos, mestre Avelino, como um prestimoso sacristão, era muito eficiente nesse ministério! Ele mesmo gostava de dizer: *"Faço isto até de olho fechado!"* Avelino era um catequista exímio. E dominava, inclusive, todos os pequenos detalhes de que um zeloso missionário necessitaria nos múltiplos afazeres de suas desobrigas nos sertões brabos do norte goiano! Nesse particular, até as respostas em latim o Avelino sabia e dominava *"de cor e salteado"*, como ele mesmo dizia!

Assim, com esse invejável currículo, mestre Avelino era um auxiliar completo: desde o pé do altar, com o *"introibo ad altare Dei"*, até a despedida no *"ite, missa est – Deo gratias!"*

Na condição de "mestre-escola", era solicitado pelos fazendeiros para introduzir na dura cachola dos jovens sertanejos as primeiras letras e as quatro operações: somar, subtrair, multiplicar e dividir.

Em cada fazenda que o contratasse ficaria, normalmente, de um a dois anos até que todos os discípulos tivessem absorvido toda a sabedoria do mestre-escola! Ao chegar a esse ponto, ele encerrava ali sua missão e se dirigia para outa propriedade que requisitasse seus préstimos.

No pacote do contrato, cabia ao mestre ensinar leitura, escrita e as quatro operações. Normalmente, o fazendeiro aliviava suas despesas, facultando ao mestre-escola botar sua pequena roca a colher e usufruir do seu plantio.

40. Um exótico garimpeiro e seu precioso biguá

Imagem 41 - Bateia

Fonte: Wikipédia/Google

Desde que me entendo por gente, lembro-me de ver sempre dependurada na despensa de nossa casa uma velha bateia, talhada em gameleira.

Para os que não sabem o que é uma bateia: é uma espécie de grande bacia talhada em madeira, só que em forma cônica. Sua boca tinha cerca de 80 centímetros de diâmetro. Pelo que me recordo, esse precioso e misterioso utensílio acompanhava nosso pai desde Babaçulândia. Pelos vagos comentários dele, essa bateia o acompanhou nas aventuras que teve em garimpos do Jacundá, estado do Pará. Pelo que eu sei, isso foi antes de nós nascermos.

Desses fiapos de relatos registrei que nosso pai, em sua aventura garimpeira, mergulhara no fundo do leito do rio pelo antigo equipamento de mergulho chamado escafandro. O operário que se dispunha a mergulhar calçava nos pés pesadas botas de metal e levava na cabeça um capacete que, depois de devidamente ajustado, era alimentado por oxigênio por meio de uma mangueira ali inserida.

Lembro-me de ter visto com meu pai uma espécie de vidrinho feito de bico de pena de ema. A parte mais grossa das penas mais graúdas era cortada e aplicada em sua tampa uma rolha talhada em cortiça ou de talo de buriti. Eis aí o que se chamava biguá. Era ali que nosso pai mantinha, cuidadosamente guardados e debaixo de sete chaves, os parcos frutos de sua perigosa aventura do passado. Pelo extremo cuidado com que os manipulava, logo entendi que os preciosos guardados representavam, de fato, valiosos fragmentos de sua vida.

Para amigos mais chegados, nosso pai exibia, todo fagueiro, fragmentos de ouro e diamante. Era a lembrança que ele guardava desse período de sua vida. Seria eu também um garimpeiro de pepitas?

Talvez como herança dessas experiências de vida de nosso pai, embora jamais tenha garimpado nem mergulhado com escafandro nos leitos dos rios, posso dizer que, de certa forma, a vida de professor de Filosofia e Português acabou lapidando em minh'alma o tino de garimpeiro das palavras e das ideias. Não deve ser à toa que tanto me agrada e deleita a lapidar sentença de Guimarães Rosa, em *Grande sertão: veredas*: "Para pensar longe, sou cão mestre. O senhor solte em minha frente uma idéia ligeira e eu rastreio essa por fundo de todos os matos, amém".

Ainda no segundo grau, em Porto Nacional, meu primo, Ruy Rodrigues, excelente cultivador de estética da linguagem, conseguiu acordar em mim aquela avidez do garimpeiro que não receia obstáculos para alcançar, lá no bojo do rio ou no fundo de um cascalho, aquela frase, aquela palavra ou expressão que se harmonize melhor com o seu apropriado adjetivo.

A partir dali, passei a ler todo o repertório que me chegou ao alcance. A literatura passou a ocupar os melhores tempos de minha vida. Assim, devagarinho, fui também recolhendo aos meus biguás algumas limalhas de ouro e, vez por outra, consegui também recolher uma ou outra pepita de diamante.

Por toda a minha vida, posso dizer também que mantenho dependurada nas despensas e nos sótãos de minha mente minha bateia. Tenho também, no fundo do meu baú, os meus biguás, onde venho colecionando e guardando pensamentos "idos e vividos", como preciosos fragmentos de ouro e diamante.

Neste sexto dia de minha trajetória, desejo resgatar do fundo de meu baú os meus biguás e partilhar com os mais chegados a alegria da minha colheita.

41. O pacto Aires & Virgulinos

Figura 42 – O pacto entre peixes e pássaros

Fonte: desenho de Pedro Mota Aires, 12 anos

O céu, trajando um manto colossal, cravado de cintilantes estrelas, abria um vasto sorriso. O rio Corrente, alimentado à boca da noite por uma forte pancada d'água, carregava no dorso de sua torrente vigorosa a galharada de árvores e arbustos que teimosamente demarcavam suas fronteiras. Vaidosos vaga-lumes, dançando em graciosas ondulações na orla da mata cerrada, faiscavam num caprichoso bailado, enquanto talentosos cururus rugiam *"cró-cró-cró..."* num impertinente dueto com esforçadas pererecas, que insistiam em proclamar: *"Foi, num foi; foi, num foi..."*. Os grilos machos, compenetrados em suas responsabilidades, marcavam o compasso da caprichosa polifonia numa metálica e intermitente percussão: *"cri, cri, cri..."*. O tecido majestoso de miríades de sons se derramava no bojo do taciturno silêncio da mata.

Nesse cenário mágico, dois cavaleiros trotavam estrada afora, retornando do animado baile do fim de semana na casa do "cumpadre" Aniceto. Os cascos de suas montarias, tirando faíscas das pedras, davam mais sonoridade e magia àquela vigorosa orquestra da natureza.

No trotar de seus ginetes, os dois primos compadres conversavam animadamente. Suas vozes, despejadas no silêncio da madrugada, ecoavam na orla da mata, em contraponto à polifonia da fauna e da flora.

"Pois é", cortou o silêncio Emiliano.

> *É como eu estava lhe dizendo, meu cumpadre. Agora que mamãe faleceu, planejo dar um giro pelo mundo, em busca do tratamento desse meu incômodo. Mas, antes de partir, meu cumpadre, ficaria muito emprazerado de casar uma de minhas irmãs com vós mincê!*

Travando bruscamente as rédeas de seu alazão, Elpídio, empertigando sobre os estribos, ponderou: *"Ah, pois é, meu cumpadre, até que posso concordar, desde que meu cumpadre também se case com uma de minhas irmãs"*.

Estalando o chicote no lombo do Correnteza, Emiliano, em seguida, estreitou sua montaria à de seu compadre Elpídio e, estendendo-lhe a mão direita, selou, com vigoroso aperto de mão, o pacto entre dois primos, compadres de fogueira de São João que, agora, assumiam um terceiro laço de afinidade e parentesco, vindo a ser concunhados.

42. Romualdo, o caçador do oco da serra

Figura 43 – O matuto cheio de sagacidade

Fonte: desenho da Giulia

Romualdo era um mestiço talvez de negro e indígena. De baixa estatura, cabelo bem raro, com uma grande calva no casco e topo da cabeça, que ele, em vão, ainda dissimulava com um velho chapéu de vaqueiro.

Esse curioso chapéu de couro curtido protegia do sol, da chuva, do ataque de insetos, além de espinhos e cipós.

Não sei se era verdade, mas sempre dizia que morava no oco de uma serra. De fato, sempre que aparecia, vinha das bandas da serra do lado do sol nascente.

Carregava também um cavanhaque espetado na ponta do queixo e alguns fiapos esparsos de barba no ápice de cada mandíbula. Fora esse pequeno relevo capilar, era quase imberbe. Tinha sua boca sempre ocupada com um naco de fumo. Preenchia seu tempo e se entretinha movendo aquele chumaço de um lado para o outro da bochecha e mastigando-o.

Quando aquele material permanecia em repouso, de um lado ou outro da bochecha, dava a impressão de que ele estava sofrendo de um dente inflamado.

Vez por outra, bem ao estilo dos patos, lançava no chão uma potente cusparada daquela secreção visguenta e amarronzada. Carregava também uma leve torção de ironia no canto da boca.

Aparecia-nos de tempos em tempos vestindo um gongó, espécie de calça curta, pouco abaixo do joelho. A camisa era quase sempre muito surrada, em frangalhos. Montado num cavalinho magro sem sela, mas com apenas uma velha manta suja. Quase sempre, vinha trazendo alguns couros de veado, cutia ou porco queixada que matava no pé da serra onde, dizia, escondia-se das onças.

De tempos em tempos, vinha prestar algum serviço que nosso pai lhe solicitava e pagava, naturalmente. Sua participação mais marcante, que ficou profundamente registrada em nossa memória, era por ocasião de broca e derrubada de roça.

O mano Aldo registrou detalhes pitorescos desses momentos especiais de derrubada de árvores. Eis o perfil: envergando um gongó já bem avariado, deixando entrever uma ou outra porção das partes pudendas. Por camisa, partes remanescentes do que fora uma veste e mascando invariavelmente seu naco de fumo. Ao atacar, com um machado, o tronco de uma árvore a ser abatida, ele imprimia um ritmo forte e persistente ao cadenciado movimento dos braços que tangiam as cutiladas de seu machado.

Quando abria no tronco da árvore um corte do lado direito, segurava a ponta ou coice do machado com a mão esquerda, tendo a direita movendo-se à frente da esquerda. Nessa posição, a mão esquerda fica firme no mesmo ponto, no coice do machado.

Enquanto isso, a direita ia deslizando ao longo do cabo, controlando todo o conjunto em direção oposta à árvore. Cabia, pois, à mão direita puxar e açoitar a ferramenta.

Enquanto açoitava o machado no tronco da árvore, ia resmungando e cantarolando uma espécie de onomatopeia: *"Hanhan, hanhan; currutela, currutela; hanhan, hanhan; currutela, currutela"*. Parecia que, impelido pelos seus gemidos, seu suor brotava e escorria pelas laterais da fronte, e trilhava também seu profundo sulco entre ombros como pequenos regatos.

Esse poema sonoro obedecia a uma caprichosa pauta melódica em ondas oscilantes, partindo de um dó grave a uma nota mais aguda.

Pelo menos, foi assim que a meticulosa curiosidade e a fantasia do mano Aldo interpretaram, traduziram e registraram.

43. Professor, capanga ou pistoleiro?

Figura 44 – Teríamos aqui um professor esquizofrênico?!

Fonte: desenho de Pedro Miguel M. Aires, 10 anos

Devo registrar aqui a memória de um professor que, decerto, foi o pior que passou por nós ou de que nós padecemos. Nem me recordo do nome desse misterioso personagem, só do perfil. Era um baiano, pelo que nos constava. Alguns diziam que seria um criminoso fugitivo da Bahia.

Apresentava-se como advogado. De baixa estatura, quase atarracado; trajando sempre um terno de listras horizontais, com um ventre bem protuberante; moreno, bem escuro; cabelos encarapinhados, mas muito bem esticados sob um forte alisamento de brilhantina Glostora.

Quando sua rotunda figura investia sala adentro, com uma volumosa pasta de couro preto nas mãos, dava para sentir o agressivo odor da brilhantina. Quase monossilábico na fala, limitava-se a ditar frases de conteúdo pouco relevante. Dava a impressão de atirar cutiladas aleatórias no ar.

O traçado da boca, em sinuosas elipses, no ato da fala, mais lembrava um sapo ao encalço de insetos, pois, quando emitia suas frases, torpedeava os ouvintes mais próximos com jatos de saliva. Matéria que lecionava? Não lembro, não sei!

Tinha modos rústicos. Lembro-me de que, em determinada ocasião, exibiu um revólver diante de alguns colegas mais afoitos que tentaram restringir sua prepotência.

Durou poucos dias. Pelo que lembro, sua presença em sala de aula resultou de uma demonstração de força de um dos grupos políticos que disputavam hegemonia na cidade. Enfim, o todo de sua postura carregava um quê de grotesco e sinistro.

44. O inesquecível professor de Logiquinha, *"il Monsignore"*

Figura 45 – O sábio enxerga mais longe

Fonte: imagem do Google/Wikipédia

Era, sem dúvida alguma, o mais simpático e querido de todos os nossos professores. Monsenhor Simeão era uma figura amabilíssima, sociável e acolhedora. Lecionava a disciplina que aterrorizava muitos, a Lógica Menor, que chamávamos de "Logiquinha".

Era já um tanto idoso, aí na casa dos 60 anos. De altura média e um tanto obeso, sempre envergando sua impecável batina preta e uma faixa. Por ostentar um ventre um tanto obtuso, estava sempre a erguer sua faixa, reposicionando-a, com as mãos, no ponto mais elevado da cintura. Seus olhinhos pretos e miúdos dançavam sempre atrás de duas lentes bem grossas e suspensas de um aro elegante e discreto.

Gostava de estar em nossa companhia, sempre muito espirituoso, e todos nós o estimávamos. Sendo eu tímido, nunca cultivei maior aproximação com tão ilustre professor. Por isso, invejava o colega carioca desinibido, Hércules, que o saudava sempre calorosamente com a interjeição italiana: *"È arrivatto, il Monsignore!"*

Talvez pelas suas limitações físicas e de idade, dava aulas sempre sentado, mas estas não eram monótonas porque dispunha de um arsenal de pequenas dramatizações de caráter chistoso e hilariante.

Além do mais, sabia modular sua voz na escala ascendente e descendente. Ninguém dormia, embora sua aula fosse sempre a primeira da tarde. Fazia muitos gestos e concluía suas perícopes dando pequenos socos na mesa, além de dedilhar sobre ela como se estivesse tangendo os teclados de um órgão.

Fazia isso para frisar suas declarações mais enfáticas. Tinha um discurso bem modulado e agradável, e sempre nos surpreendia com inflexões de voz para destacar e sublinhar um tópico mais relevante de seu pensamento.

Quando tratava das figuras de pensamento, gostava de chamá-las por seus apelativos, que sempre repetia, e de apelidá-las de "antífonas", estabelecendo uma oportuna conexão em nosso universo simbólico.

Até hoje, guardo na mente o conjunto das nove figuras de pensamento catalogadas pela tal "Logiquinha", exatamente como ele as declamava: Barbara, Celare, Darii, Ferio, Baralipton, Celantis, Dábitis, Fapesmo, Flisesomorum! As quatro primeiras figuras eram recitadas como uma ladainha que ele chistosamente gostava de chamar de antífona. Para essa primeira parte, modulava sua voz numa escala ascendente. Declarava as cinco últimas cuidadosamente, uma por uma até a última, impostando a voz em escala descendente.

Ao pronunciar a última figura, aplicava um pequeno golpe de punhos sobre sua escrivaninha e acionava, com as duas mãos, o teclado invisível de seu órgão! Sendo muito esperto, o *"Monsignore"*, aplicando esses golpes, conseguia acordar algum aluno mais desligado ou sonolento.

Nesse ponto, abria breve espaço de silêncio, que ele regia com um sorriso que bailava suavemente em seu rosto, enquanto seus olhinhos miúdos e penetrantes derramavam uma fina ironia por trás de um elegante *pince-nez*. Ele parecia ter galgado uma apoteose e ficava como que iluminado, com uma expressão de contentamento exultante. Dava para sentir que era feliz naquele ministério. Aquele era seu labor!

Devo reconhecer que nos conduzia com arte pelos meandros do pensamento e da lógica humana! Naquela altura do espetáculo, movia os 10 dedos em ondulações como se estivessem executando uma peça musical dos clássicos. Seus dedos ondulavam produzindo pulsações, como que cantarolando a peça magistral que acabara de enunciar!

45. Sr. Manuel, o velho sacristão da catedral

Figura 46 – Inquisidor dominicano

Fonte: imagem do Google/Wikipédia

Quando os dominicanos vieram de Formosa de Goiás para Porto Nacional, trouxeram em sua bagagem uma preciosa criatura: o senhor Manuel, um português. Era assim que ele era conhecido por todos. Tinha por sobrenome Ferreira. Pois bem, o senhor Manuel Ferreira, de estatura mediana, compleição quase franzina, teria menos de um e setenta de altura. Cabelos bem pretos, lisos e sempre penteados para trás. Cabeça quase pequena para sua estatura. Rosto alongado, achatado nas têmporas. Uma calvície bem iniciada. No painel de sua face, com alguns sulcos na testa, dois olhinhos pretos, bem arredondados, destacavam-se como vigilantes sentinelas.

Quando atacado por iras periódicas, seus olhos faiscavam, beirando a alucinação. Eis aí o senhor Manuel, sacristão da catedral Nossa Senhora das Mercês. Quando provocado sobre sua condição pessoal, ele, com muita ênfase e orgulho, declarava-se: "moço virgem". Sua postura religiosa era calcada nas melhores tradições da Igreja pós-tridentina. Detestava ver mulheres circulando pelo presbitério, nas redondezas do altar. Em suas fases de exaltação, corria atrás das intrusas que se aventurassem penetrar no território sagrado do altar. Numa ou noutra crise mais intensa, chegou a correr atrás de uma ou outra incauta que invadiu seu território sagrado, portando um ameaçador cabo de vassoura. De maneira geral, evitava as mulheres quase como o diabo foge da cruz. Entre as mulheres mais achegadas à igreja, só havia uma que conquistara sua confiança. Era a freira dominicana Irmã Zoê, por alguns chamada também de Irmã "Serzoê". Aproveito para explicar sua exótica "denominação".

Acontece que as primeiras levas de freiras que vieram para a cidade de Porto eram francesas e mantiveram o costume de se chamarem com o apelativo francês *soeur* ("ser"), isto é, *irmã*, em francês. Por ignorarem essa peculiaridade, as pessoas simples incorporavam ao nome da religiosa o termo apelativo francês e consideravam perfeitamente normal chamá-la de Irmã "Serzoê", sem se incomodar ou suspeitar de que estivessem repetindo o apelativo, um em português, outro em francês. De fato, a pessoa estava dizendo Irmã "Irmã Zoê".

Muito jeitosa, a freira dominicana conseguira penetrar nas idiossincrasias do velho sacristão. Aproveitando-se de um daqueles dias mais amenos, de baixa tensão lunática, teve a liberdade de lhe fazer uma pergunta bem pessoal que ninguém ousaria fazer: *"Seu Manuel, o que é que o senhor tanto mastiga?"* Ele, ainda que evasivo, não se ofendeu e respondeu: *"Umas vez és pão, zotras vez és outras coisa!"*

Cristão esquizofrênico?!

Manuel Ferreira não gostava nem falava de sua vida pessoal, nem de seus parentes ou amigos. Presumo até que não os teria, por seu feitio evasivo e arredio. Não sei se seria esquizofrênico ou bipolar. O certo é que tinha suas "luas". Alternava dias em que se mostrava mais afável com dias que, ao cruzar com outro vivente, abaixava as vistas para o chão ou as desviava para outro lado.

Além do *"mutoire"* em que ele tinha de dar a partida pelas 19 horas e desligar pelas 22 horas, tocava os grandes sinos da catedral, todos os dias, por três ocasiões: cinco e meia da manhã para convocar os fiéis devotos da missa da madrugada; uma segunda vez ao meio-dia, pelo ângelus, e à noite, pelas 19 horas.

Havia dois sinos suspensos no alto da grande torre da matriz. Um bem grande e outro bem menor.

O grande era acionado por uma grossa corda que se estendia do badalo, no alto da torre, à altura do piso térreo. Pessoalmente, tive oportunidade de tanger o grande e velho sino tracionando essa grossa corda! Para acioná-lo, bastava agarrar bem forte a grossa corda e, depois que o badalo tocasse numa das bordas do sino, puxá-la novamente e assim por diante, por uns dois ou três minutos.

O sino menor era acionado por ocasião de falecimento. Nesse caso, o sacristão deveria subir uma imensa escada de madeira, girando em caracóis, pela altura de mais de 200 metros. Lá chegando, os badalos deveriam ser tangidos com as mãos num ritmo alternado e em sequência constante, produzindo uma espécie de canção plangente. Sendo a pessoa falecida homem, mulher ou criança, seria diferente a dominância de agudos ou de graves. Como se vê, havia todo um código da linguagem sonora dos sinos.

Assim, os ouvintes, familiarizados com as convenções seguidas, logo ao ouvirem o tanger do sino, saberiam se era um simples chamado para a missa ou um aviso de falecimento, e se era homem ou mulher, adulto ou criança.

Pelos 12 a 15 anos que convivi com o zeloso e dedicado sacristão, senhor Manuel, nunca o vi faltar com seus sagrados deveres. Era um verdadeiro monge. Por esses quase 20 anos, só me recordo de que tenha viajado umas duas vezes, por muita insistência do padre Lázaro, que sabia apreciar seu empenho e dedicação, pois, fora seu desequilíbrio nervoso, era dono de uma saúde de ferro.

46. O "império" do velho sacristão

Além das tarefas aqui descritas, Manuel Ferreira era também quem fazia a manutenção de todo o conjunto arquitetônico, que compreendia, além do grande convento dominicano, a grande e majestosa catedral. Dono de nervos de aço, ele galgava os pontos mais altos e perigosos do colossal templo para corrigir algum problema que sua fina argúcia descobria, como goteira, infiltração ou cupins no madeirame. De tudo ele cuidava com carinho e devoção, como se estivesse desincumbindo-se de uma missão sagrada. E de fato o era. Como zeloso feitor, ele de tudo cuidava.

Quantas vezes na cerimônia religiosa da noite, o velho sacristão, devotamente ajoelhado, depois de um longo e exaustivo dia de mil tarefas, quase nos limites de sua resistência, bocejava, alheio a tudo que o circundava. Decerto, sua mente continuava mergulhada e flutuando nos seus afazeres diários. Assim absorto, com a mente impregnada e saturada de seu dia a dia, soltava, bem alto, uma interjeição: *"Ai, ai, meu Pai do céu, minha Mãe da glória!"*

Quando padre Lazinho deixou a cidade, o velho sacristão, senhor Manuel, herdou-lhe a singular bicicleta.

A preciosa herança

Era uma bicicleta bem ajaezada. Além das telas de proteção laterais da corrente, estava equipada com um excelente farol dianteiro, alimentado e movido por um dínamo que, uma vez ajustado ao pneu braseiro, assegurava uma ótima iluminação, de tal sorte que permitiria rodar em qualquer paragem durante a noite, no mais absoluto escuro!

No entanto, a bicicleta do padre tinha outra condição especial. Seu guidão dianteiro era articulado com o quadro de sustentação do conjunto por uma potente mola de aço. Desse modo, quando era segurada pelo selim, tracionando-a perpendicularmente ao solo com ponto de incidência de 90 graus, a bicicleta se deslocava em movimento retilíneo. Quando se desejava que tomasse a direção direita, bastava incliná-la nesse sentido, fazendo-se o mesmo quando se queria tomar o lado oposto.

Qualquer observador mais atento perceberia o quase êxtase de exultação que tomava toda a pessoa do garboso sacristão quando ele trepava na mais bela bicicleta da cidade e circulava, montado nesse precioso veículo.

Esse era um dos seus raros momentos de lazer. Sem dúvida, a cidade lamentava muito a partida de seu estimado padre Lazinho, mas o velho sacristão saíra no lucro por ter herdado esse pequeno grande tesouro e por desfrutar dele!

A mana Dejesus, comentando sobre esse saudoso período de nossa vida, recordou que, vez por outra, seu Manuel aparecia em nossa casa a bordo de sua estimada bicicleta. O velho sacristão podia ser rígido com mulheres e adultos, mas sabia ser atencioso e até gentil com crianças. A mana ganhou-lhe a confiança e tinha permissão para desfrutar do precioso veículo.

O senhor Manuel mereceria todo um capítulo sobre sua história no convento e na catedral de Porto Nacional.

Mais do que sacristão, ele era uma espécie de feitor geral de todo o convento e catedral. Ele sozinho fazia a manutenção de, literalmente, tudo. Muito curioso e dedicado, sabia e dominava bem o ofício de pedreiro, carpinteiro, eletricista. Era muito operoso. Não esperava que ninguém o mandasse fazer o que seu zelo logo lhe dizia que precisava ser feito.

O operoso sacristão

Na outra extremidade do U do convento dos dominicanos, numa puxada, erguia-se um barracão equipado com bancadas de pranchas de madeira, com tornos e um armário guarnecido com uma boa variedade de ferramentas de carpintaria. Era ali que funcionava a oficina do operoso guardião do convento, o senhor Manuel. Era ali que ele armava ou consertava os andores dos santos para as procissões. Sabia reparar também cadeiras, mesas e portas.

Era muito difícil vê-lo sentado ou descansando. Estava sempre em movimento, como uma lançadeira.

Nos meus primeiros anos de seminário, a luz elétrica que tínhamos neste e na catedral era gerada por um motor a diesel, instalado pelos mecânicos da Aeronáutica, pelo que me recordo. A manutenção dele também era uma atribuição cumprida pelo prestimoso sacristão e com uma religiosa fidelidade.

Em seu dialeto ainda carregado do português portucalense, ele se referia ao *"interruptoire du mutoire"*. Quando, de repente, a luz se apagava, mas o motor continuava funcionando, logo ele diagnosticava: *"Queimou o fuzil du mutoire!"*

47. O velho Severo, um remanescente da escravatura

Figura 47 – O negro carrega as chagas do crucificado

Fonte: desenho de Micaela Aires Medeiros, 10 anos

Numa daquelas férias em que nos encontrávamos no sitio São Pedro, em um belo dia apareceu em nossa casa um preto velho bem apessoado, de porte elegante e atlético, pedindo rancho e trabalho.

Nossa mãe agradou-se do jeito nobre daquele preto velho e o acolheu. Trazia um saco de viagem às costas, com uma ou duas mudas de roupa e uma velha e surrada rede, sem varandas. Para se abrigar das intempéries do tempo, trazia na cabeça um daqueles chapéus de couro em forma de cone ou funil, muito usados no Nordeste de nosso país. Era um viajante-andarilho. Calçava alpargatas de couro cru. Num dos pés, tinha uma cinta de couro protegendo o ferimento que ali persistia.

Informou-nos, mais tarde, que fora ofendido por uma serpente venenosa. O veneno remanescente não deixava cicatrizar aquele ferimento. O couro protegia seu pé do pó da estrada e de ser machucado por alguma ponta de pau, espinho ou cipó.

Além das tarefas da cozinha, sempre atendendo a pedidos de nossa mãe, pegava alguma empreita de capina ou corte de madeira.

Permaneceu conosco um bom tempo. Era uma pessoa retraída e séria que não se permitia jamais dar gargalhadas soltas. Não me lembro de tê-lo visto jamais gargalhar. Parecia carregar no peito muita dor e sofrimento, mas nossa mãe ganhou a confiança e a amizade dele. E, vez por outra, conseguia fazê-lo sorrir. Entretanto, gargalhar, jamais!

Por intermédio da memória do mano Aldo, retenho um episódio singular, ocorrido mesmo comigo.

Observando meu pai, aprendi como fazer um cabo de faca ou facão com um chifre de gado. Depois de serrar a peça no tamanho desejado, aquece-se esta em banho-maria até que ela fique maleável. Nesse ponto, é só prensar o material. Quando se esfria, ele ganha a forma de uma placa. Aí, então, é só serrar e talhar o material com a configuração desejada. Feito isso, devem-se abrir os furos nos pontos indicados na folha de faca ou facão. Ajustando-se as duas placas ao cabo da faca ou facão, é só prendê-las com um pino de ferro, que pode ser um prego com o diâmetro adequado.

Aí, é só bater bastante os pinos, com a ajuda de um bom martelo, apoiando-os sobre uma placa de ferro bem sólida, como um machado ou uma picareta. Então, é só raspar bem as duas faces do cabo de chifre, com a ajuda de cacos de vidro, por exemplo. Feita a configuração desejada e removidas as irregularidades das peças, é só lixar bem as duas faces já trabalhadas, até que se tornem lisas e confortáveis ao apoio da mão.

Pois bem, usando esses procedimentos aqui descritos, consegui recuperar uma velha faquinha que encontrei já sem cabo. Trabalhei bastante até que ela ganhasse uma boa aparência para as minhas necessidades pessoais e até lhe confeccionei uma bainha de couro, no capricho.

O velho Severo notou minha obra de arte, que lhe chamou a atenção. Eu fizera uma bela faquinha.

Contudo, para ele, não passava de um "quicé". Eu estava muito orgulhoso de meu artefato.

O preto velho enxergou ali um excelente "quicé", muito apropriado para conduzir discretamente, e eficiente para cortar e picar miúdo o fumo que ele apreciava pitar.

Mostrou algum interesse e perguntou-me quanto eu queria pelo "quicé". Não me recordo do valor que pedi, mas não me esqueci do comentário, um tanto desdenhoso, que ele fez ao ouvir uma proposta que, decerto, julgou muito alta: *"O muito que ela pode valer é de 40 a 50 'manréis'!"* Não lembro se fizemos negócio, mas nunca esqueci os termos de sua sensata ponderação.

Devo incluir aqui um detalhe que identifica bem o repertório cultural do velho Severo. Numa daquelas nossas férias escolares, tivemos a visita de um peão empreiteiro que ganhava a vida contratando serviços ocasionais numa propriedade rural da época, como roçar o pátio, reparar cercas, fazer a capina na roça etc. Chamava-se Raimundo, mas, num apelativo familiar, era chamado de Mundico. No dialeto remanescente da senzala, o velho Severo alterava para "Mureco". Pois bem, Mureco chegou a nossa propriedade procurando trabalho. Trazia a tiracolo uma cabaça. Nela, trazia mel, que coletara numa das suas empreitas pelo mato. Ofereceu-nos em venda a cabacinha de mel.

Seu Severo, muito esperto, pediu para experimentar o mel. Raimundo abriu a moringa e pingou um pouquinho na mão do Severo. Levando o mel à boca, seu Severo degustou e, depois de estalar a língua, perguntou: *"Que mero é esse, Mureco?"* Este logo declinou: *"Tataíra".* O esperto velho, de imediato, sentenciou: *"Ôôôô mero bom!"*

Nos seus raros momentos de desconcentração, o velho Severo, deitado já em sua rede, pitando seu cigarro de palha, entoou, com voz rouca e cansada, esta modinha antiga. Decerto, vinha-lhe das reminiscências do tempo da escravidão de que tanto ouvira falar:

> *Severo foi fazer compras na cidade de Marvão.*
> *Quando chegou três soldados: – Severo, voz de prisão!*
>
> *Amarra, amarra soldado, aproveita a ocasião.*
>
> *Amarra bem amarrado, Severo é moleque fujão!*
>
> *Que o Paraguai tá preciso desses home valentão!*

Sua modinha triste era bem longa, relatando as desventuras de um pobre escravo alcançado pelas volantes do governo que campeavam escravos fortes para labutarem na triste Guerra do Paraguai. Deitado à noite em sua rede, depois de pitar seu cigarro, sua mente ia repassando esses sofridos eventos dos seus antepassados. Cantava-os com voz rouca e cansada, com inflexões repassadas de emoção.

48. Nos porões do impaludismo, nos barrancos do Tocantins

Figura 48 – Seres fantasmagóricos

Fonte: desenho de Renata, da Talita Aires Freitas, cinco anos

Era por volta do ano de 1945. Uma terrível onda de impaludismo grassava por toda a orla ribeirinha do Tocantins. O impaludismo, transportado rio acima, chegara a Tocantínia e atacava praticamente todas as casas, fazendo muitas vítimas fatais. Houve um momento, recordo-me muito bem, em que todos de nossa casa se encontravam achacados pela terrível malária. Só o papai restou de pé para nos socorrer com um chazinho ou uma sopa de caldo com macarrão. Os comprimidos quininos demoravam a remover todos os vestígios da terrível doença, também chamada de terçã ou maleita.

Todos os dias, às mesmas horas, estando achacados, ali pelas 18 horas, no lusco-fusco do dia, só se ouvia o zunir funesto e lamuriento dos pernilongos que infestavam todas as casas. E se os comprimidos de quinino não tivessem surtido seu efeito, dia sim, dia não, era fatal a chegada das tremedeiras e do latejar persistente das dores de cabeça, no mesmo horário da chegada dos pernilongos.

Quem já esteve sob essas verdadeiras sessões de tortura sabe do que estou falando. Para quem não faz a mínima ideia, uma imagem pode traduzir um pouco uma das características: os achaques da febre têm hora para chegar, mas nunca avisam quando estão retirando-se de nosso corpo.

A sensação mais dominante é a de termos sido atropelados por um trator. Doem todas as juntas e todos os ossos. As têmporas latejam como se duas verrumas estivessem tentando varar nosso cérebro de fora a fora. Por vezes, também parecem duas torqueses prensando nossas têmporas para esmagá-las nos cavaletes de um inquiridor.

Com a cabeça latejando de dores e o corpo sacudido por tremedeiras intermitentes, éramos assaltados, às vezes, por terríveis alucinações.

Escuros morcegos voejavam e arreganhavam suas bocas dentuças, ameaçadores, agitando seus horrendos focinhos.

Em outros momentos, todo nosso corpo trepidava em violentos sacolejos. E, no desvario da febre que queimava nosso corpo, surgiam na tela de nossa mente desvairada negras cortinas que despencavam de todos os lados. Em outros instantes, era nosso corpo que tombava num negro abismo sem fundo nem forma. E no vazio da mente trepidante, figuras horrendas gargalhavam.

A breves intervalos, entrava em cena o infindável desfile de uma procissão de seres estranhos, articulados ou desarticulados como peças de um hediondo quebra-cabeça, que ora se fundiam, ora se desmontavam, produzindo outros conjuntos funestos, híbridos de demônios e criaturas humanas, aladas, que estendiam por todos os lados escuras cortinas de mortalhas.

Os olhos quentes e avermelhados latejavam intensamente, parecendo saltar de suas órbitas. Os ouvidos zuniam como as cigarras do cerrado. A boca ficava amarga, muito amarga. Nenhuma comida nos apetecia.

Lembro-me de que apenas dois tipos de alimento eram mais aceitos pelo estômago enfastiado: um caldinho de carne seca ou um ensopadinho de macarrão fininho ou aquele de estrelinhas ou de letrinhas.

49. Um taumaturgo do norte goiano, hoje Tocantins – Padre Luso Matos

Figura 49 – Padre Luso assinando documento

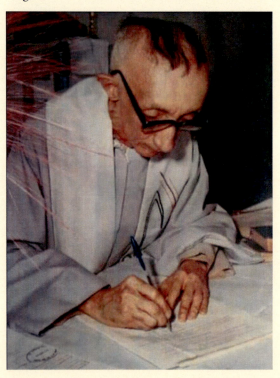

Fonte: arquivos da diocese de Porto Nacional (TO)

De estatura média, pele morena, cabelos raros e crespos. Magérrimo, dono de um rosto triangular com grandes depressões nas laterais da face, lembrando o São Pedro de El Greco ou o faraó Ramsés II.

Feições pouco atraentes, mas dono de um singular carisma e grande simpatia humana. Trato acolhedor e cativante. Muita ironia. Era capaz de rir e fazer rir de si mesmo. Assim ele gostava de relatar um trecho do comentário de uma visitante amiga e compadecida: *"Quando se recuperou da última recaída?!"*

Quando criança, sofrera muito de reumatismo. Tanto que, em decorrência disso, tinha um pé deformado e uma perna mais curta. Caminhava mancando de uma perna. Trajava uma indefectível batina preta e surrada. Nunca o vi usando a clássica faixa preta atada à altura da cintura.

Quando foi liberado o traje civil, ele se permitiu envergar uma batina de cor clara. Por alguns anos, teve sua mãe residindo num sobradinho à beira do rio, bem vizinha do seminário. Ela se chamava dona Petronília. Pelo que me lembro, tinha um irmão mais novo e uma irmã. Era maranhense de origem. Como ninguém, sabia ele entreter em uma conversa. Tinha aquela saudável saúde mental de que nos fala Chesterton, pois sabia rir de si mesmo com muita liberdade e naturalidade.

Foi nas aulas de Religião que nos ministrava que o ouvi comentar que, quando jovem, estivera quase entrevado. E, por esse motivo, não pôde cursar as disciplinas de Filosofia e Teologia regulares. Recebeu aulas dessas matérias no próprio seminário, ministradas por Dom Alano que, decerto, enxergou nele um potencial humano que o credenciava de sobra a ser uma espécie de Cura d'Ars do sertão.

Para as aulas de Religião, padre Luso se valia dos bem organizados manuais de catequese do monsenhor Álvaro Negromonte, a quem, anos mais tarde, tive como mestre em Metodologia e Didática de Catequese, no Seminário Maior do Rio de Janeiro. Por limitações de saúde, padre Luso fora municiado apenas com os rudimentos da Teologia. Assim, ele não tinha muito a ensinar em doutrina, mas tínhamos muitíssimo a aprender com a grande humanidade que havia nele.

Suas instruções eram, na verdade, bem elementares. Num jeito simplório, ele conduzia suas falas insinuando a resposta ou complementação da fala. Numa frase, introduzia a expressão: *"A Igreja tem sete sacra..."*. E nós completaríamos: *"... mentos"*. Toda a coleção que estudávamos tinha o nome de Fontes do Salvador. Girava em torno dos sacramentos e de breve história do povo de Deus, culminando com a Igreja.

Para realçar esse traço da pessoa do padre Luso, eu destaco um episódio que presenciei. Uma bela tarde do nosso tempo livre, nosso colega Celso Cavalcante não resistiu à tentação de manobrar no pátio interno do seminário o velho jipe estacionado na garagem.

Logo de início, ao engatar a primeira marcha, o automóvel tomou a perigosa direção de uma coluna de tijolo que sustentava uma bela imagem de Nossa Senhora da Conceição. A coluna de tijolo, abalroada pelo jipe, desmanchou-se como um castelo de cartas. Deu para ver a coluna se movendo no sentido contrário ao jipe e, com ela, a imagem que, sendo de madeira, restou inteira, sem nenhum dano.

Diziam que fora talhada a canivete por um monge francês. No alto da cabeça, tinha uma auréola metálica em que estava escrito em francês: *"Je suis L'Immaculée Conception".*

Padre Luso, que assistia a tudo, sentado numa cadeira, levantou-se logo e consolou o infortunando seminarista: *"Não foi nada não, meu filho, ela já estava pra cair!"* Acho que nem mesmo o próprio Celso acreditou que a coluna estava para cair.

Além de ser nosso diretor espiritual, celebrava as missas diárias na capela do seminário. Nos primeiros anos de minha chegada, padre Luso celebrava uma missa dominical numa velha e pequena capelinha, remanescente ainda dos dominicanos. Ela ficava bem no início da atual Praça do Centenário, mas, àquela época, ali era uma grande praça vazia que funcionava mais como uma espécie de "maidor" das vacas leiteiras que os portuenses mantinham no povoado para obter seu leite diário, vendendo o excedente.

A capelinha ficava parede-meia com a casa das manas Braga. Bem ao lado, havia um simples poste em que se fixava o sino que o padre Luso, com braço firme e vigoroso, tangia anunciando mais uma missa. Por diversas vezes, ajudei-o nessas suas celebrações. Admirava-me muito que ele, embora mancando de uma perna, tivesse uma caminhada apressada e constante. Um tanto perplexo com seu inexplicável vigor, lembrava-me de que sua mãe, dona Petronília, enviava-lhe, todas as tardes, uma espécie de vitamina de frutas, que ela mesma batia num copo com um garfo.

Por diversas vezes, coube a mim a função de buscá-la no sobradinho em que residia. A moradia, de dois pavimentos, chamava-se sobrado de dona Petronília. Ficava bem ao final da praça da catedral, de fundos para o rio Tocantins e bem perto do velho casarão que ainda ostentava em grandes letras azuis: "Hospital Lays Neto dos Reis".

Anos mais tarde, com o apoio do sargento instrutor do Tiro de Guerra local, restauramos o velho casarão e lhe afixamos, bem vistosa, a inscrição: "Abrigo João XXIII".

Por causa da deformação que tinha nos pés, na sua sabedoria, padre Luso tinha uma forma prática de aliviá-los. Procurava um seminarista que calçasse suas botinas por algum tempo até amaciá-las bem. Pedia-lhe que "amansasse" suas botinas.

Certa vez, presenciei um evento bem interessante. Padre Luso sabia do apreço de que desfrutava na cidade. Entregou a um seminarista um par de botinas pedindo que o levasse para conserto. Este logo perguntou: *"E o dinheiro, padre Luso?"* Com certa ironia, ele respondeu: *"Meu filho, sabendo que é para padre, ele nem cobra!"*

De fato, padre Luso sabia do que estava falando. Eu mesmo, bem mais tarde, ouvi um depoimento que ratifica aquela declaração dele. Dois moradores de Porto, proprietários de táxis, comentavam com orgulho as vezes que tiveram oportunidade de transportar padre Luso. Um deles, porém, com certo amargor, lamentou: *"Mas no meu ele ainda não entrou. Será que meu carro tem mijo d'égua?!"*

Além das conversas de orientação espiritual, padre Luso tinha alguns seminaristas que frequentavam mais suas confidências.

50. O sertanejo piauiense que foi recebido pelo papa polonês

Figura 50 – Padre Juraci Cavalcante

Fonte: arquivos da diocese de Porto Nacional (TO)

O alegre e divertido baiano Zuza dispensava especial consideração pela singular figura do seminarista piauiense, Juraci Cavalcante Barbosa. Zuza tratava a todos com o termo afetivo compadre. No singular dialeto por ele desenvolvido, o seminarista Juraci tinha o apelativo de "compade auredlet!" Apenas dois anos mais velho que eu, Juraci e eu temos uma longa caminhada juntos, tanto no Seminário de Porto Nacional quanto no do Rio de Janeiro.

Temos estilos de vida distintos e gostos pessoais bem diferentes, mas sempre cultivamos amizade e empatia ao longo de toda a nossa jornada. Devo reconhecer que sempre nutri pelo colega piauiense uma grande admiração e, de alguma forma, uma ponta de inveja pela argúcia desse colega, dono de uma privilegiada inteligência. Entre outras virtudes, naturais ou cultivadas, sempre apreciei seu desprendimento pelas aparências e pelo conforto, dignos de um Cura d'Ars ou de um Inácio de Loyola. Parece que seu berço já apontava para muitas auroras precedidas de algumas sombras. Enfrentou resolutamente muitos reveses que só ele e mais ninguém conheceu.

Não se pode dizer que comeu o pão que o diabo amassou nem que desfilou sobre tapetes de flores. É um sertanejo bem típico do mesmo Brasil que gerou Anísio Teixeira e engendrou um multicolorido Monteiro Lobato.

De aparência tímida, reservado, quase pedindo escusas por estar presente! Sob as camadas de sua grande modéstia, esconde e disfarça um turbilhão de potencialidades humanas. Para melhor esboçar o seu perfil, valho-me de alguns dos adjetivos que pude ouvir de Dom Alano qualificando seu astuto e esquivo protegido. Portador de uma inteligência arguta e perspicaz na abordagem das pessoas e dos fatos, um caráter "sem jaça!" Para não relatar aqui informações incorretas ou inadequadas, obtive dele um breve relato dos aspectos que estou aqui rememorando. Ei-lo, ipsis litteris:

> *Eu nasci em Corrente, Piauí, em 1933. Em 1944 me mudei para Ponte Alta do Tocantins. Em 1948 vim para o seminário em Porto Nacional. Nesses quatro anos que morei em Ponte Alta, não aceitei frequentar a escola local. Escola era a própria casa da professora. Achei muito deficiente. Nesses quatro anos vividos em Ponte Alta, tive tempo suficiente para brincar e nadar com os colegas no rio Ponte Alta, rio de águas cristalinas, piscina de água corrente das nascentes do Jalapão, piscina que todo milionário gostaria de possuir. Não se conhecia água encanada nem poço. O rio era a "fonte" comum. Havia a fonte das mulheres*

> *e a fonte dos homens. Eu não conhecia a fonte das mulheres. Vida simples como a vida dos índios. A gente não conhecia nem bicicleta. Foi nesse contexto que eu me habilitei na arte da natação.*
>
> *Em 1952, concluído o curso ginasial em Porto, fui para seminário diocesano de Goiânia, com sede na cidade tradicional de Silvânia. Goiânia, capital nova em fase de implantação, não tinha nem seminário nem catedral. O reitor do seminário diocesano em Silvânia era o padre Antônio Ribeiro de Oliveira, recém-ordenado padre diocesano. Hoje é arcebispo emérito de Goiânia. Nas férias de julho, ano de 1953, o jovem reitor promoveu um passeio coletivo, filósofos e teólogos no rio Paranaíba, onde nós acampamos. Era componente da turma o teólogo Victor Arantes, mineiro, músico. Regia o coral.*
>
> *A certa altura do banho, uma corrente de água leva o teólogo para o fundo rio abaixo. Nenhum desses sulistas sabe nadar. Mais que depressa, eu salto na água para salvá-lo. Ele tentou me abraçar e eu não deixei. Agarrei por trás no cabelo dele e puxei para a margem do rio. Aí no seco chega a turma. Arantes estava sem fala e parecia de olhos vidrados. Eu caí morto de cansado. Aí a turma tomou conta do afogado e salvou. Arantes passou a me chamar de "meu salvador". Não sei dizer se ele já deixou este mundo ingrato.*

Pelo feitio geral, o amigo, padre Juraci, dá a impressão de ser uma criatura mais voltada para a contemplação que para a ação. Ledo engano. Conferindo recentemente sua trajetória pastoral, surpreendi-me em constatar que meu amigo piauiense é também um grande realizador de obras. Vi que ao longo de suas quatro décadas de ministério, ele construiu nas diversas comunidades por onde andou nada menos que 19 igrejas, 10 residências presbiterais e, recentemente, já quase septuagenário, ainda fundou e criou em Porto Nacional a rádio comunitária Porto Real, em maio de 2002.

51. O ilustre "forasteiro" portuense: João Pires Querido

Figura 51 – João Pires Querido, prefeito de Porto Nacional de 1951 a 1955

Fonte: arquivos da prefeitura municipal de Porto Nacional

Evoco aqui um personagem que me deixou vivas impressões na Porto Nacional dos anos 1950. Pelo dialeto vigente à época, eram catalogados como "forasteiros" todos os moradores da cidade não nativos dela. Essa alcunha, de conotação pejorativa, era quase um predicado ético, na boca de arraigado bairrismo de um nativo portuense. Na sua compreensão, todo nativo era uma pessoa de bem e confiável. E todo forasteiro seria um suspeito aventureiro e pouco confiável!

Falo da singular e forte presença e ação de João Pires Querido, natural do estado de São Paulo. Nos garimpos de cristal de rocha de Porto Nacional, João Pires Querido, com labor e tino, conseguiu apreciável patrimônio.

Como político, granjeou rápido e largo prestígio graças, sobretudo, às suas aptidões e ao espírito de colaboração. Era aviador, mecânico, homem de empresa e negócios.

Tinha estatura forte, próxima talvez de 1,80 metro e mais de 80 quilos, porte elegante e gestos nobres, por natureza. Não sei se teria concluído o "segundo grau" (ensino médio) da época, mas era uma pessoa de inteligência acima do comum e de uma liderança inata.

Falava pouco, mas agia muito e sempre bastante discretamente. Era de aparência reservada, porém muito centrado em seus objetivos. Pode-se dizer que, por sua ação em benefício das pessoas mais desvalidas, veio a se constituir, talvez, na figura mais proeminente da cidade. Foi eleito prefeito e elegeu pessoas de sua confiança também.

Com esses predicados, fez uma boa fortuna com os garimpos de Pium e Cristalândia. Além de uns dois caminhões de sua propriedade que circulavam pela cidade, tinha seu avião teco-teco. Ele mesmo era o piloto. Sua aparência, embora discreta, chegava a ser imponente. Sempre admirei seu porte nobre e altivo sem ser pedante.

A propósito, de certa feita, presenciei Dom Alano testemunhar, com lágrimas, um episódio que chegou a seu conhecimento. Um pobre, cheio de indigências e lamúrias, estava desfiando diante do senhor João Querido todo o rosário de suas penas. Bem ao lado, o filho mais velho de Querido, ouvindo tais lamentos, disparou a gargalhar, zombando do pobre queixoso, menosprezando-o. Ao notar isso, logo João Querido, com energia e firmeza, corrigiu e advertiu seu imaturo filho: *"Meu filho, nunca sorria das lágrimas de um pobre!"*

Destaco também outro exemplo que bem ilustra o caráter nobre desse líder inato. O falecido primo, Robson, batalhando nos sertões do garimpo do Pium, acabou levando um balaço na altura do estômago. A pobre mãe, tia Ricarda, sem recursos financeiros suficientes, mas conhecedora desse caráter nobre de João Querido, recorreu a ele. Sem nada cobrar e pessoalmente, João Querido fez o transporte do ferido para ser socorrido em Porto Nacional, então já contando com um segundo médico natural da cidade: Dr. Euvaldo Tomaz de Sousa. Anos mais tarde, vindo a falecer essa minha tia, mais uma vez, o prestativo e serviçal João Querido socorreu nossa família, levando de Porto a Pium a prima Maria Pereira e minha mãe. E as trouxe de volta a Porto. Mais uma vez, fez isso sem cobrar um tostão.

Como era discreto, quantas vezes não deve ter feito o mesmo para outras tantas pessoas necessitadas e carentes?!

52. "Como vão as teologias?!"

Figura 52 – Há mistérios entre o céu e a terra

Fonte: desenho de Caio Aires Medeiros, sete anos

Há umas três décadas, ouvi de um ex-colega de seminário um questionamento que, até hoje, ecoa em minha mente. Ele havia deixado o seminário e frequentava uma universidade com uma cosmovisão quase oposta ao mundo eclesiástico em que eu estava ajustado. Era um colega inteligente e perspicaz. Perguntou com a intenção de me provocar. E, de fato, o fez. Sapecou-me esta pergunta: *"Como vão as teologias?!"* Eu, recém-portador do presbiterato e muito cioso de ser o porta-voz da Igreja católica romana, farejei no ar o agressivo odor do enxofre de um perigoso cisma!

Com uma teologia bem calibrada no receituário do Concílio de Trento, entendia que, nas fileiras do catolicismo, existia uma só teologia e ela era, basicamente, a de Santo Tomás de Aquino. Como as de um exército, a doutrina católica tinha suas verdades muito bem definidas, sem meios-termos nem nuances. Uma só Igreja verdadeira e uma só doutrina. E, ainda mais, "fora dessa Igreja não há salvação!". Por essa ótica, o caminho da salvação passa, necessariamente, pela Igreja católica, apostólica, romana! Todas as demais igrejas ou, mesmo, religiões, são falsos atalhos que levam, fatalmente, ao Inferno!

O clima era de alimentar e manter o conflito com as variantes espúrias do movimento protestante. Ou seja, todo o clero tridentino precisava andar com suas armas bem ensarilhadas para combater e derrotar o inimigo: o protestantismo. Éramos treinados não para combater injustiças e degradações da dignidade humana ou mesmo o paganismo.

Assim, a astuta e capciosa pergunta do ex-colega tinha mesmo a intenção de cutucar com vara curta o pretensioso neopresbítero!

Fiquei com aquela indagação entalada na garganta por alguns dias. Finalmente, caprichei numa longa catilinária, tentando provocá-lo também, apelando, exatamente, para a sabida capacidade intelectual dele! Nunca recebi resposta! Interpretei que, vendo minha postura dogmática, achou melhor riscar de sua lista de afinidades uma pessoa tão obtusa!

Éramos colegas desde a juventude. Por todo o Seminário Menor e por boa parte do Seminário Maior. Sinceramente, esse desfecho deixou-me o travo de uma frustração e uma falta irreparável. Honestamente, acredito que, até hoje, passadas já umas três décadas, não me absolvi por essa imperdoável intolerância! Se, então, tivesse mais maleabilidade ideológica, teria sabido condescender e relevar! Vendo que sua resposta não viria nunca, passei a amargurar uma desagradável frustração. Tinha a sensação clara de que agira atabalhoadamente, como um elefante por entre louças.

Minha frustração me pareceu sempre imperdoável. Porque não posso esquecer que aquele colega teve muita paciência para me ajudar com minhas grandes dificuldades com a Matemática. Até hoje me lembro do nome do autor daquele livro de Matemática: Cecil Thiré. Quase sinto o cheiro daquelas páginas que se me apresentavam revestidas por uma tela de obscuridade e ininteligibilidade. A articulação dos números em capciosos meandros de problemas e enigmas que, ao mesmo tempo, se me apresentavam tão obscuros como desprovidos de qualquer sentido ou utilidade. As artimanhas dos problemas e dos enigmas que eram ali apresentados se revestiam sempre de capciosas ciladas! Buscando deslindar aqueles enigmas, sentia-me sempre sob a grave ameaça de despencar no abismo do vazio de tudo! Toda a trama do labirinto das obscuras questões era, para mim, apenas ciladas que exauriam minha mente em vãs e perdidas elucubrações! Mas, graças à argúcia do colega, devagarinho fui driblando aquelas limitações! É interessante observar que não me recorde do nome de nenhum outro autor das matérias que eu mais apreciava, mas nem consiga esquecer, exatamente, o de minha maior inimiga: a Matemática.

Entre todas as disciplinas, a tal da Matemática era meu bicho-papão. Graças à paciência daquele colega, acabei vencendo-a.

Um claro indicativo dessa frustração. Por diversos anos, vez por outra, quando, até em sonhos, estou buscando encontrar-me com aquele colega, lamentavelmente, jamais o encontro. Recentemente, ao planejar o lançamento de meu primeiro livro de memórias em Porto Nacional, fui, mais uma vez, assediado pelo claro desejo de revê-lo e até lhe dedicar meu *O viandante*. Todavia, mais uma vez, infelizmente, essa possibilidade foi cancelada e agora, em definitivo. Uma pessoa amiga me informou do falecimento do meu colega...

III

PROTAGONISTAS DA FAUNA E DA FLORA TOCANTINENSE

53. Como era lindo o sítio Bom Jesus

Figura 53 – Cenário do Jalapão

Fonte: desenho da Stella Aires Romio

Ao lado do sol poente havia um pequeno, mas perene, córrego de águas cristalinas. A nascente se dava a uns 500 metros mais acima. Às margens dessa nascente, erguia-se uma grande touceira da palmeira-buriti adulta. Em volta de todas elas, viçosas e verdejantes, erguiam-se, generosamente, centenas de pequenas moitas da mesma palmeira-buriti. Nos meses de dezembro a março, os buritizeiros adultos produziam algumas dezenas de cachos. Quando amadureciam, iam tombando no leito do pequeno córrego. Quantas vezes pude mitigar a fome saboreando a suave e saborosa polpa desses frutos, depois de, com as mãos, remover aquela crosta protetora, maravilhosamente construída de rígidos e caprichosos poliedros, com suas superfícies de um intenso e brilhante avermelhado. Expostos aos raios do sol, como espelhos, reverberavam a luz!

Logo que ali chegamos, nossa mãe providenciou um pequeno criatório de patos. E como era lindo ver a pata-mãe flutuando naquelas águas cristalinas, cercada e acompanhada por um punhado de patinhos que, com suas lindas plumas, deslizavam na superfície ou mergulhavam docemente para recolher pequenos insetos que por ali caíam. Quando desfilavam em linha reta, lembravam uma procissão de criaturinhas entoando louvores ao criador!

Um pouco mais distante, para o lado do sol poente, havia outra touceira de palmeiras-buriti. Entre elas e destacando-se acima de todas, tinha uma palmeira seca que, envelhecida, já perdera sua copa. Bem no topo dela, um apaixonado casal de araras sempre fazia ali seu ninho, seu domicílio.

A meticulosa memória do mano Aldo registra que, todos os dias, pela manhãzinha e ao pôr do sol, um belo e romântico casal de araras gostava de ficar salmodiando o mesmo estribilho: *"Arara, arara, são duas araras; arara, arara, são duas araras"*.

Em volta dessa e no topo de outras palmeiras, outras vizinhas araras residiam. Era lindo ver e ouvir, ao amanhecer e ao pôr do sol, essas nossas vizinhas araras nas suas revoadas, saindo ao clarear do dia e retornando ao entardecer, pelas Ave-Marias. E como entoavam um lindo hino à mãe natureza.

Em sua polifonia cromática, plena de onomatopeias, elas entoavam, voando sempre aos pares: *"Arara, arara, são duas araras; arara, arara, são duas"*. E, assim, conduziam majestosamente seu lindo e colorido cortejo num horizonte cristalino e puro, pleno de poesia e encantamento.

54. O pequizeiro dos cerrados do Tocantins

Figura 54 – O pequizeiro é um arrimo nos cerrados

Fonte: desenho de Pedro Mota Aires, 12 anos

Se nós estamos falando dos estados de Goiás e do Tocantins, não podemos omitir uma das frutas nativas mais abundantes e mais ricas em proteínas: o pequi. A árvore que produz esse fruto é uma das mais robustas e vigorosas do cerrado. Depois da palmeira-buriti, destaca-se logo o imponente pequizeiro.

Em comum com a palmeira, apresenta uma estrutura física talhada para resistir inclusive à ação devastadora dos incêndios naturais ou provocados. Apresenta um caule bem protegido por fibras de alta resistência à ação de predadores naturais. Troncos e galhos não conhecem a linha reta, tão apreciada pelas palmeiras e os eucaliptos. Em vez disso, misterioso instinto ancestral impôs-lhe a trajetória das linhas helicoidais!

A parte externa de seu caule é constituída por fibras estruturadas como as malhas de aço. Seu lenho se sobrepõe em camadas helicoidais.

Esse secreto instinto que preside de sua natureza vegetal aponta para uma tática própria para se defender de predadores naturais como o fogo. Acontece que, normalmente, o fogo age sempre na covardia dos períodos secos, em que quase toda cobertura vegetal murcha e seca. Esse material torna-se um combustível precioso para a ação devastadora do fogo!

Nos estados cobertos pelo cerrado, chuva e seca se alternam regularmente, de seis em seis meses. Assim, a palmeira, bem como o pequizeiro, tem seis meses para armar sua primeira defesa.

As palmeiras do cerrado montaram sua defesa articulando duas frentes. A primeira delas: o caule desses vegetais é projetado e construído por camadas sobrepostas de dentro para fora. Em seu núcleo interior está sua parte vital.

Camadas sobrepostas garantem que a vida seja preservada, embora fiquem chamuscadas suas camadas externas. Pode-se dizer que essa estratégia mimetiza a do jabuti. A natureza guarneceu o esperto jabuti de uma carcaça super-resistente que consegue frustrar os mais agressivos predadores, como a onça ou o tigre.

A segunda linha de defesa das palmeiras consiste num crescimento acelerado, projetando logo seu núcleo vital acima do nível da grama que as circunda e potencializa a agressividade do fogo. Assim, ainda que sejam queimadas as folhas que apresentar, seu caule interno sobrevive bem protegido pelas fibras externas por cinco ou seis meses.

E como se defende e protege o pequizeiro? A natureza o projetou também com duas linhas de defesa. A primeira está na própria condição de suas fibras, que se desenvolvem de forma helicoidal.

Os dutos por onde circula sua seiva vão girando em torno do caule como uma elipse. Assim, as chamas não atacam ao mesmo tempo todos os canais de sua seiva. Enquanto uns são atacados, os outros escapam da devastação, esquivando-se dos golpes diretos das chamas.

A outra estratégia de defesa do pequizeiro se encontra no tipo de caule com que a natureza o equipou. O caule central do pequizeiro jamais se oferece alinhado e por inteiro como o da palmeira. Ao contrário, ele cresce e evolui guiado pelo mesmo instinto contorcionista. Em linguagem metafórica, pode-se dizer que o pequizeiro prefere as linhas tortuosas e em volutas das catedrais barrocas. Já as palmeiras preferem os traçados retilíneos e, de peito aberto, mas encouraçado, enfrentam o inimigo em campo aberto.

Se chamamos a primeira estratégia de defesa da palmeira de técnica do jabuti, podemos qualificar essa segunda forma de defesa do pequizeiro de método da ema ou avestruz. Ou seja, o protagonista da defesa adota a fuga, esquivando-se sempre em movimentos sinuosos e absolutamente irregulares.

O perseguido nunca foge em linha reta, mas sempre em circunvoluções. Nisso podemos dizer que o pequizeiro preferiu ignorar a recomendação de Cristo. Quando o inimigo o ataca numa face, ele oculta a outra. Além de todas as qualidades que pessoalmente verifiquei, devo acrescentar um detalhe que não cheguei a ver e frei José Maria Audrin descreve em seu *Os sertanejos que eu conheci* (1963, p. 89):

> Mencionemos outro remédio comumente empregado para queimaduras, por mais graves que sejam: o óleo de pequi aplicado sobre a pele queimada. Lembramo-nos, entre outros casos, de uma infeliz mulher que, atingida por um raio, ficou horrivelmente queimada e mal podia suportar o contato das folhas de bananeira, sobre as quais jazia. A repetida aplicação desse óleo foi bastante para se fecharem as chagas em poucas semanas.

55. Pequizeiros de minha infância

Figura 55 – O velho pequizeiro era um desafio ao tempo

Fonte: desenho de Pedro Mota Aires, 12 anos

Na extremidade do pátio da fazenda, demarcando aquele espaço aberto, destacava-se uma meia dúzia de pés de pequi. Dois deles, visivelmente bem mais idosos, postavam-se em muda contemplação. Ostentavam grossos troncos de quase um metro de diâmetro, equipados com espessas e rugosas cascas. Um deles, talvez o mais idoso, apresentava, pelo lado do sol poente, à altura de uma grande curva em seu tronco, alguns sulcos que a intempérie dos tempos abrira em seu velho dorso. Era uma espécie de canaleta que sol e chuva tinham aberto em sua robusta base.

Cada um deles alcançava de cinco a seis metros de altura e exibia uma vasta copa de, aproximadamente, seis metros de diâmetro.

Quem se aproximasse de Mato Escuro, vindo da Francisquinha ou do engenho do Danton, de longe avistaria aquelas duas criaturas, lembrando erráticos penitentes paralisados (em muda contemplação) em vãs cogitações.

Sob a vasta copa desses velhos moradores, o senhor Felipe achou por bem estacionar o velho carro de bois, herança ainda dos tempos de Dom Domingos Carrerot.

Como um bom piauiense, o senhor Felipe dominava bem a arte de administrar e comandar o antigo e prestativo carro de bois.

Dezenas de vezes, o enérgico e competente Felipe, com o auxílio de um ou dois de seus filhos, cansou de levar centenas de abóboras, cachos de banana e cana para abastecer o seminário e o convento. Para quem não conhece o pequizeiro, esse poderoso e rico habitante dos cerrados do Tocantins, devo esclarecer que ele se caracteriza, basicamente, por estaturas medianas, comparando com o jatobá, o angico ou o escorrega-macaco. Atinge, talvez, a metade da altura desses. Em compensação, desenvolve vastas copas, cobrindo o mesmo diâmetro do que atinge a sua altura.

Os pequizeiros apresentam-se equipados de muitos e imensos galhos, todos retorcidos em trajetória helicoidal. Por um estranho desígnio de sua própria natureza, todos os seus galhos desenvolvem-se mais na linha horizontal que na vertical.

Quantos anos teriam aqueles velhos pequizeiros? O senhor Bandeira, primeiro zelador de Mato Escuro que conheci, afirmava, com toda certeza, que aqueles velhos pequizeiros eram do tempo dos dominicanos!

Eram, possivelmente, testemunhas da missa celebrada ao pé do velho cruzeiro, e sob a vasta e generosa copa do quase centenário baru.

Além dos abundantes e valiosos frutos que produz, é importante destacarmos uma curiosíssima peculiaridade do pequizeiro do cerrado. E o belo fenômeno se dá pela florada do pequizeiro. Isso ocorre sempre no cerrado, entre os meses de agosto e setembro de cada ano. Mas não me refiro à florada em si. É que as graciosas flores do pequizeiro, além do intenso perfume que exalam pela manhã, oferecem uma generosa fonte de saboroso mel.

Vez por outra, além de um ou outro beija-flor, algum humano também comparece nesse solene, colorido e saboroso banquete. Atraídas pelas cores e pelos odores, centenas de operosas abelhas zumbem e voejam, carregando em suas patinhas aqueles polens que fecundarão outras flores.

Centenas de vezes, eu tive o privilégio de, no frescor da manhã, antes do romper do sol, disputar com as abelhas aquele suave e delicioso néctar.

No pico da floração do pequizeiro, um colossal manto branco, como imenso véu de noiva, estende-se e se derrama por todas as milhares de pontas de galhos. A cada manhã, milhares e milhares de flores brancas erguem suas taças de mel para o ofertório de um novo dia.

Sincronizadas com essa solene liturgia da natureza, milhares e milhares de abelhas, de diversas naturezas e tamanhos, avançam em majestosa procissão e dança nupcial sobre todos os milhares de flores. De fato, as flores se apresentam numa encantadora e bem arquitetada estrutura. Na base de cada flor, no exato formato de uma taça, há um delicado cálice verde amparado por uma armadura desenhada em forma de pétalas. Erguem-se do fundo de cada gineceu algumas dezenas de estamentos e filamentos, que amparam na sua extremidade delicados e amarelos pigmentos.

Dali, tão logo pétalas e filamentos murcham e caem, emerge o miúdo e incipiente pequi que, logo mais, estará enriquecendo uma bela e suculenta panelada de arroz com pequi.

56. O buritizeiro, rei e soberano de cerrados e vargedos

Figura 56 – Palmeira buritizeiro, alimento de bípedes e quadrúpedes

Fonte: desenho de Camila Aires Romio, 11 anos

Avançando e rompendo alguns quilômetros, além do pátio da Fazenda Mato Escuro, para as bandas de Tocantínia, esbarrávamos num terreno encharcado e tomado por vargens a perder de vista. Nessas alturas, avistávamos um extenso e elevado paredão de palmeiras.

Um estranho capricho da natureza plantara essas soberbas criaturas num longo e sinuoso desfiladeiro, constituído por esbeltos e majestosos buritizeiros.

Essa linda e nobre palmeira é dona de vistosas copas, viridentes coroas de sua realeza e majestade. É uma das mais lindas e ricas criaturas que habitam os vargedos do cerrado do centro-oeste brasileiro. E como se isso não bastasse, naquelas paragens ermas, quase sempre, podíamos ver e ouvir, pela manhã e ao entardecer, o alegre e festivo tagarelar de dezenas de pares de araras e periquitos. Em sua colorida polifonia, eles, certamente, celebravam e agradeciam a abundância dos frutos que colhiam.

A oleosa e suculenta polpa dos vistosos frutos do buritizeiro alimenta aves, animais silvestres e o próprio ser humano. Quem já não experimentou uma sambereba da polpa do buriti, com ou sem farinha, com ou sem açúcar ou rapadura? Quem já não provou um precioso doce de buriti, imortalizado por Luiz Gonzaga em seu lindo poema "Eu vou pro Crato", o "tijolo de buriti"?!

Grande porção desse terreno onde habita o buritizal é constituída por uma argila espessa e de excelente qualidade para produção de telhas e tijolos. Pode-se dizer que quase todo telhado e parede da cidade de Porto Nacional saíram desses vargedos.

Assim, um ou outro proprietário ou arrendatário ergueu naquelas veredas galpões, fornos e pátios, onde produzem e comercializam telhas e tijolos.

Toda essa região é dominada por um forte e perene córrego denominado Francisquinha.

57. Cajazeira, concorrente do buritizeiro

Figura 57 – As cajazeiras são generosas provedoras da vida

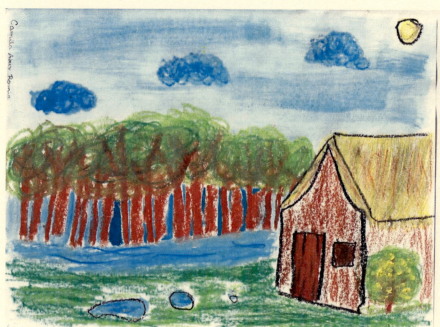

Fonte: desenho de Camila Aires Romio, 11 anos

A cajazeira é uma árvore de grande porte. De longe, pela aparência, assemelha-se à mangueira, tanto no porte como no formato da copa, mas é bem diferente em todos os detalhes. A mangueira tem seu tronco e galhos revestidos por uma casca pouco rugosa, quase lisa. Já a cajazeira tem toda a sua crosta revestida por uma casca muito rugosa e espessa, bem mais grossa que a do angico.

Quando crianças, aproveitávamos essas crostas mais espessas para lavrá-las com uma faca ou canivete e confeccionar figuras humanas ou de animais. Às vezes, também produzíamos uma espécie de carimbo com nosso nome.

Note-se que essa crosta é macia como a cortiça e, como esta, um tanto borrachuda. Colocada sobre a água, flutua.

Suas frutas, com formato assemelhado ao da cereja ou da uva thompson, são amarelas. Têm uma polpa delgada revestida de uma fina película. Quando maduras, exalam um odor agridoce intenso que se pode sentir a distância. Apreciam água e costumam nascer e crescer às margens de rios e córregos. Excluindo as muitas variedades de mangas, que não podem ser classificadas de nativas nem de silvestres, o cajá é a mais conhecida e popular fonte de alimentação.

As cajazeiras crescem e proliferam também nos arredores das pequenas cidades e povoados do centro-oeste e em quase todo o norte do Brasil.

Eis o comentário de frei José Maria Audrin, em *Os sertanejos que eu conheci* (1963, p. 60), sobre essa generosa fonte de alimentação, abundante e pujante em todo o estado de Goiás, destacando também outras fontes secundárias de sobrevivência: "A fruta cajazeira torna-se, em certas épocas do ano, a base quase exclusiva das refeições dos pobres. [...]".

58. Vassalos do buritizeiro, só na letra "A", de angico, araçá e axixá

Figura 58 – As frutíferas são fonte de vida

Fonte: desenho de Stella Aires Romio, 13 anos

De fato, nas proximidades da sede de Mato Escuro havia, para as bandas do rio Tocantins, um vasto matagal cerrado. Em virtude de se localizar já na mata ciliar do rio, era aquele capão de mata constituído por árvores frondosas, com seus 30 metros de altura. O topo daquela massa compacta de verde mantinha-se assim o ano inteiro. Era um verde muito intenso, de tonalidade escura. Destacava-se da vegetação circunvizinha, constituída por arbustos de pequeno porte. Avistado ao longe, aquele grande capão de mato lembrava um colossal chapéu ou uma nave alienígena pousada sobre um imenso vargedo. Daí o nome de mato escuro.

É importante esclarecer que, nas alturas em que se encontra a cidade de Porto Nacional, no altiplano de Tocantins, as terras da margem direita do Tocantins são levemente mais altas que as da margem esquerda.

Entretanto, alguns quilômetros além do perímetro urbano, o solo se apresenta intercalando baixios com leves relevos. Os trechos mais longos de baixios são dominados por palmeiras diversas, como o tucunzeiro, a bacaba, a buritirana e o murici-do-brejo. Já os trechos mais altos se apresentam cobertos por árvores de grande porte, como a canjerana, o jatobá, o pau-terra, o cega-machado, o açoita-cavalo. O pau-de-óleo, o pau-de-arco-roxo, o pau-de-arco-amarelo, o escorrega-macaco e angico, bastante angico.

Tanto que, por diversas vezes, acompanhei nosso pai na extração de cascas de angico para curtume. Uma vez localizada uma árvore de grande porte e bem adulta, com algumas incisões naqueles troncos, era possível arrancar algumas fitas de casca de uns dois metros de comprimento. As cascas mais espessas eram as que mais interessavam. Era com essas cascas que nosso pai curtia os couros e as solas que usava na fabricação de arreios diversos que lhe eram encomendados.

Era nesse feitio de terreno que se encontravam também duas fruteiras silvestres muito cobiçadas naquelas paragens do Tocantins. São as preciosas e generosas cajazeiras e as pitombeiras. Mas, se avançarmos já para as ribanceiras do rio, é possível encontrar aqui e ali uma fruteira peculiaríssima das terras tocantinenses, o chicha.

59. Palmeiras equipadas com "colete à prova de balas" – macaubeiras

Figura 59 – Vida para bípedes e quadrúpedes

Fonte: desenho de Camila Aires Romio, 11 anos

A macaubeira alcança por volta de seus 10 metros de altura. Além da sólida carapaça que reveste seu caule, vem equipada com sólidos e numerosíssimos espinhos que protegem seu generoso fruto, a macaúba, da voraz cobiça de aves e demais pequenos animais roedores.

Para obter a macaúba, não precisamos derrubar a palmeira porque a fruta, quando madura, tem o capricho de se soltar de seu cacho e oferecer sua polpa saborosa aos famintos que a recolhem do chão. Tem seu melhor sabor quando amadurece. Há também diversas espécies de macaúbas. As de polpa branca, quase inodora, e as de polpa amarela e cheirosa. Estas podem ser comidas cruas ou também cozidas, e aí se tornam mais saborosas e macias.

Até hoje, quase sinto aquele discreto perfume que se ia desprendendo da macia e carnuda polpa, quando caprichosamente ia retirando aquelas tiras com meu canivete que eu mesmo confeccionara com cabo de chifre, por mim mesmo moldado.

O procedimento para essa retirada da polpa da macaúba cozida é exatamente o mesmo aplicado para descascar uma laranja. A macaúba apresenta uma casca vitrificada protegendo sua polpa comestível. Sendo a pessoa habilidosa, consegue retirar a polpa completa numa só tira contínua.

Quantas paneladas de macaúba nós cozinhamos e comemos em nossa infância, tanto em Tocantínia como em Porto Nacional? Era uma bela oportunidade para mitigar a fome que nos atazanava em muitas circunstâncias.

Depois de cozidas, ficam mais macias e saborosas, mas, para apreciar sua polpa, precisamos retirar sua casca. Esta é uma crosta que protege a polpa que envolve seu caroço. Nesse pequeno detalhe, encontramos um daqueles sábios caprichos da mãe natureza. No caso dos animais silvestres, em particular os roedores e os ruminantes, eles recolhem esses frutos e, ao recolherem-no como alimento, normalmente engolem toda a fruta. E, depois de a digerirem, acabam depositando os caroços já limpos e prontos para acabarem germinando e nascendo em outras paragens distantes ou afastadas de sua matriz.

Os roedores, por essa função de disseminar sementes, podem ser chamados de jardineiros das matas e cerrados.

Além da polpa da macaúba, seu caroço interno e sua amêndoa servem de alimentos. A amêndoa pode ser comida diretamente, pilada ou moída, e produz um leite muito saboroso que pode ser usado no tempero de carne de paca, por exemplo. E como é saborosa!

É interessante observar que essa amêndoa da macaúba tem grande semelhança com as amêndoas de todas as palmeiras, como o babaçu, o tucum e a piaçava. O interior da amêndoa de todos os frutos das palmeiras vem sempre guarnecido com uma saborosa água, espécie de soro. Quando os frutos estão verdes, têm um soro mais abundante, mas um pouco salobro. À medida que amadurecem, esse líquido vai diminuindo, porém, em compensação, torna-se mais adocicado e mais intenso em seu sabor.

Em toda a minha infância, entre Tocantínia e Porto Nacional, devo ter ingerido milhares de tucuns verdes e macaúbas: brancas ou amarelas; cozidas ou cruas. Quase repetiria o refrão do cômico Ary Toledo: *"Meu Deus, quanta fome; ai que fome que eu tinha!"*

60. A palmeira tucum e sua carapaça à prova de balas

Figura 60 – As palmeiras são refrigério dos pobres

Fonte: desenho de Amanda Aires Medeiros, 10 anos

Com as mesmas características do caule da macaubeira, o tucunzeiro é de porte bem mais baixo e caules também mais finos.

Tem de três a cinco metros de altura. É parente próximo do babaçu, só que de porte mais modesto. Há no tucum uma peculiaridade muito importante: todo o corpo dessa palmeira, tronco e folhas são revestidos de um espesso manto de espinhos pontiagudos, quase tão rígidos quanto agulhas de aço.

De alto a baixo, a sábia natureza os vestiu de espinhos. Assim, embora aparentemente fracos, são como soldados guerreiros bem amparados contra as investidas de inimigos que tentem despojá-los de seus abundantes e ricos frutos. Todo tucunzeiro herdou da natureza um maravilhoso "colete à prova de balas".

O tucum faz parte da vida dos moradores dessa área mais como fonte de alimentação. Essa singular palmeira é abundante em regiões alagadiças, quase uma praga.

Entre os animais clientes de seus frutos, podemos listar todas as espécies de roedores silvestres e os porcos de criação doméstica. Estes últimos são criados soltos nos campos e recolhidos diariamente aos seus respectivos chiqueiros.

Incluem-se ainda como fregueses do tucum os primos dos porcos domésticos, os javalis ou caititus, a paca, o tatu e a cutia. Quando os coquinhos ainda estão bem verdes, encerram em seu interior uma água que tem sabor semelhante à do coco-da-praia, e sua polpa se apresenta bem fina e pouco espessa. À medida que vão amadurecendo, esta se torna bem consistente e vai endurecendo.

Se a palmeira-tucum não tivesse sua armadura de espinhos, os sábios macacos devastariam todos os seus frutos ainda verdinhos por causa da aguinha que encerram.

Assim protegida, só as aves têm acesso livre aos seus frutos, já que podem pousar diretamente sobre seus cachos.

Depois de servirem de alimento aos animais que os recolhem do solo quando maduros, os animais silvestres se encarregam de espalhar suas sementes. É que o tucum maduro é amarelinho, e tem polpa macia e rica em fibras e nutrientes.

Quando liberadas nas fezes, as sementes acabam caindo em terrenos bem mais afastados de sua fonte de origem. Ali depositadas, nascem e multiplicam-se em milhares de novos pés de tucum.

Bem atento a esse detalhe, o grande missionário Dom Pedro Casaldáliga, que muito admiro, escolheu o tucum como símbolo da causa dos pobres.

Como bom poeta, esse judicioso missionário notou que, além de refrigério dos pobres e de todos os roedores, essa singular palmeira é dotada de resistência e bravura.

Serrando-se o maior diâmetro central do coquinho maduro, obtém-se um excelente anel que, polido, fica bonito. O poeta, missionário e profeta enxergou nesse anel de tucum um emblema representativo da causa dos pobres e dos mais necessitados. E fez mais: adotou e divulgou esse símbolo como um sinal de aliança com essa causa dos pequenos e dos oprimidos.

Hoje, passados já mais de 20 anos desse movimento, pode-se encontrar esse anel em dedos de pessoas em quase todos os estados do Brasil.

Em minha infância, devo confessar um pecado que cometi centenas e centenas de vezes: derrubar inúmeros tucunzeiros apenas para colher dois ou três cachos de tucum que, ávido, levava para casa e devorava com sofreguidão. Muitas vezes, para saciar a fome, mas, muitas outras, só pelo prazer do alimento saboroso e forte!

61. Palmeira babaçu, guardiã das fronteiras do Jalapão

Figura 61 – A palmeira-babaçu reina soberana

Fonte: desenho de Amanda Aires Medeiros, 10 anos

No topo de seu esguio caule, vemos na palmeira-babaçu uma espécie de colossal guarda-chuva invertido de três a quatro metros de diâmetro. Cada folha ou palma tem quase dois metros de comprimento. E é assim constituída: uma grande haste em forma triangular e despontada.

Mais grossa na base que se articula ao caule e afinando progressivamente até sua extremidade, tem exatamente a mesma estrutura de uma pena de ave. Da base à ponta, nas duas laterais daquela haste triangular, vão centenas de folhas também no formato triangular. Seu todo se assemelha em tudo a uma pena gigante.

Bem na base de seu leque de folhas, há sempre dois ou três cachos com algumas centenas de cocos. Em fase de desenvolvimento, têm o tom esverdeado. Ao crescerem e amadurecerem, apresentam um marrom mais escuro que chega a quase cinza quando já secos e prontos para, despencando lá do alto, 20 ou 30 metros acima do chão, penetrarem no solo aguardando que, na estação das chuvas, apodreça sua crosta vegetal e possam germinar. Vingando um desses brotos, surge mais uma nova palmeira-babaçu.

As grandes folhas da palmeira-babaçu são usadas para cobrir barracos, choças e casebres, mas servem também para improvisar humildes paredes ou divisórias nas habitações mais pobres. No caso de se erguerem paredes ou divisórias internas, cada folha deve ser trabalhada. Isso porque, por uma sábia programação, essas folhas se apresentam com estrutura similar à de uma pena de ave. Só que estas têm a forma côncava orientada para baixo, enquanto as folhas das palmeiras apresentam sua parte côncava orientada para cima. E isso tendo em conta a finalidade a que servem, pois, enquanto as penas das aves dispostas com a parte côncava para baixo, sobrepondo-se umas às outras, protegem o corpo da ave, que não deseja nem precisa de água de fora para dentro, por outro lado, as folhas das palmeiras desejam e querem recolher água. Assim, apresentando a parte côncava para cima, funcionam exatamente como calhas que, como mãos abertas em súplica para o céu, pedem e recolhem gotas de orvalho, bem como as águas abundantes das chuvas.

Desse modo, a inteligente ação humana encontrou uma forma de subverter a função natural das folhas das palmeiras, projetadas exatamente para recolher água da chuva. Modificando a estrutura funcional delas, o bípede humano consegue transformar a palma em pena para proteger seu corpo da exposição direta da água da chuva.

62. O jabuti e uma festa no céu

Figura 62 – *"Não contavam com minha astúcia!"*

Fonte: desenho de Giulia A. M. Aires, nove anos

Diz a lenda popular que o arranjo no casco do jabuti foi obra de Nossa Senhora. Conta-se que a Mãe de Jesus deu uma grande festa no céu e, para isso, convidou todos os animais da Terra. Naturalmente, só as aves teriam chance de comparecer. Entretanto, só três não puderam ir: o mutum, a ema e sua prima avestruz, por terem asas de poucas plumas.

Por isso é que, até hoje, o mutum sempre canta, ou melhor, geme assim: *"Mutum tá em jejum; mutum tá em jejum!"* E a pobre ema, incapacitada de voar numa distância tão grande, muito triste, começou a cantar e lamentar: *"Todo bichinho que tem asa voa, só eu não, hum-rum; todo bichinho que tem asa voa, só eu não, hum-rum!"*

Por outro lado, o metido e esperto jabuti, sendo um simples quadrúpede e, ainda por cima, carregando um casco tão pesado, decidiu que daria um jeito de entrar naquela festa.

Acontece que o jabuti, àquela altura, tinha o casco todo inteirinho. Naturalmente, não podendo voar, apresentou-se ao urubu alegando ser muito amigo da Virgem Maria e que esta não o aceitaria na festa por causa de sua má fama de devorador de imundícies.

Impressionado por argumentos tão graves, o urubu concordou em transportar o jabuti em sua cacunda até o céu, desde que ele se entendesse lá com a Mãe de Jesus. Dessa forma, com o auxílio do compadre urubu, o jabuti entrou no céu. Todavia, infelizmente, ao terminar a festa, o egoísta urubu, que só pensa em si, bateu asas e retornou à Terra.

Quando o jabuti percebeu que não tinha mais sua carona para retornar à Terra, desesperado, atirou-se para baixo e, rolando pelas imensidades, espatifou-se no chão, partindo assim todo o seu pobre casco.

Vendo aquilo, a Virgem Maria, compadecida, juntou todos os cacos do jabuti e os colou bem direitinho. E, para disfarçar as emendas, ainda traçou em cada pedacinho umas linhas coloridas de cor amarelada que acabaram deixando o casco do jabuti até mais bonito que antes.

63. Sua excelência, o engenho dos anos 1940 no Tocantins

Figura 63 – O engenho marcou a cultura brasileira

Fonte: desenho de Camila Aires Romio, 11 anos

Quando da safra da cana, era ali que ficava atada a junta de pacientes e vigorosos bois. Com a docilidade da sabedoria que os governa, iam, lentamente, arrastando e girando em infinitos círculos aquela pesada máquina. E, enquanto iam conduzindo aquela gangorra e levantando da trilha um fino pó com cheiro de cana, moviam incansavelmente suas poderosas mandíbulas em movimentos oscilatórios laterais. Ruminavam os bolos vegetais que tinham recolhido de sua última pastagem.

Cada porção era triturada caprichosamente até produzir uma cheirosa espuma. Ao concluir essa fase, recolhiam aquela porção a seu amplo estômago. Feita uma breve pausa para concluir esse processo, com um leve tranco na respiração, mais outro bolo alimentar era lançado novamente entre os operosos maxilares que, repetindo o mesmo ritual anterior, continuavam a processar sua cuidadosa alimentação.

Ao plangente embalo do tangedor, entoando chorosas canções, com sua vara fustigando e tangendo os bois, todo o monte das canas cortadas na lavoura ia se convertendo num amontoado de retorcidos e cheirosos bagaços que, sem demora, chamejavam de miríades de abelhas que ali vinham buscar também sua colheita.

Era bonito ver como todos os dentes da engrenagem daqueles três potentes cilindros se encaixavam na medida exata de mover harmoniosamente todo o conjunto, que incluía uma cobertura de palha de piaçava protegendo as bem lavradas peças de jatobá do ataque das intempéries do tempo.

O ranger de suas pesadas engrenagens, somado ao plangente aboio do tangedor, ecoava no silêncio da mata.

Seus poderosos cilindros iam inexoravelmente prensando, triturando e esmagando as fibras da doce cana, que respondia em borbulhante seiva esverdeada de seu rico, espumante e delicioso suco.

Em alguns momentos, fazia-se parar a gangorra dos bois para conferir ou corrigir algum dos dentes da moenda que se notasse estar afrouxando. Com pancadas firmes e precisas naquelas peças, logo se restabeleciam a firmeza e a precisão de suas articulações dentadas.

As três potentes moendas do engenho giravam sob o comando dos dois grandes braços articulados em três pontos de apoio: um central, no ápice da pirâmide de força, e dois outros nas duas bases opostas do mesmo triângulo de força, sendo o ponto central mais alto e as duas laterais bem mais baixas, permitindo que se montasse sobre esse conjunto uma estrutura de teto flutuante no formato de uma pirâmide. Todo o harmônico conjunto se movia, e nada podia resistir-lhe.

Reparando bem nessa movimentação colossal, era inevitável lembrar-me da poética descrição que encontramos nas Sagradas Escrituras, no livro do profeta Ezequiel (1,24): "Quando eles se moviam, eu ouvia o ruído das asas: era semelhante ao rumor das grandes águas, como o trovão do Onipotente, como o fragor da tempestade, como o tumulto de um acampamento!"

Contemplando esse singular cenário, era também inevitável recordar-me daquele mundo fantasmagórico dos quatro seres viventes equipados com asas e muitos olhos ao redor, descrito pelo profeta Ezequiel.

As asas referidas pelo profeta estavam ali no ápice da pirâmide do engenho. Era exatamente na ponta de uma dessas asas que estava atada a paciente e poderosa junta de bois. Os muitos olhos apontados por Ezequiel (10,11-14) eram obviamente as centenas de dentes das três moendas do engenho que dirigiam todo aquele harmonioso conjunto, pois os três cilindros giravam sempre sob o inexorável comando dos dentes, que se encaixavam simetricamente.

Meus indagadores olhos infantis e todos os meus sentidos flutuavam em ondas de encantamento e magia. Era maravilhoso ver aqueles pachorrentos e vigorosos gigantes que, em resignada submissão, mantinham-se na mesma trilha e iam girando sempre no sentido horário.

E, ao mesmo tempo, suas caudas iam açoitando de um lado para o outro moscas e insetos que importunavam seus lombos, buscando talvez seu sangue precioso ou os minerais que vicejam em seu espesso pelo.

Estoicamente, eles se entretinham remoendo alimentos que tinham recolhido em sua recente pastagem. Estamos falando aqui apenas da primeira etapa do processo da moagem da cana, nos velhos e coloniais engenhos do norte de Goiás, hoje estado do Tocantins.

Dependendo dos objetivos, do volume da colheita de cana e do pessoal disponível, pode haver simultaneamente um grupo de pessoas que vai cortando e amontoando a cana lá no canavial, enquanto uma segunda turma recolhe os montes de cana e os transporta num carro de bois para o pé da obra. Uma terceira equipe cuida do processo de moer no engenho. E uma quarta já está trabalhando a fervura da garapa nos grandes tachos de cobre.

Quem já trabalhou e conhece a lida de uma moagem, sabe que as coisas aqui devem ser muito bem planejadas e organizadas para vencer todas essas tarefas dentro da fase da lua apropriada. Se a fase da lua estiver errada, a cana não tem seu melhor teor de açúcar e a rapadura não alcança sua melhor qualidade.

Assim, como se vê, o oficio não é para gente sem experiência na matéria!

64. Açúcar e rapadura: os primogênitos de sua excelência, o engenho

Figura 64 – Açúcar e rapadura, fonte de vida e riqueza

Fonte: desenho de Stella Aires Romio, 13 anos

O processo de fabricação da rapadura ou do açúcar é um espetáculo de rara beleza. Quem nunca viu nem presenciou ou participou desse processo, ignora um dos mais belos fenômenos da indústria humana.

O processo da fabricação do açúcar, sobretudo, é algo extraordinariamente encantador.

Comecemos pela descrição das fornalhas de que se precisa para uma empreitada de maior monta. Normalmente, uma boa moagem dura umas duas semanas. Exposto ao sol, o bagaço retorcido da cana é usado como precioso combustível para a fervura dos tachos de rapadura e/ou açúcar.

Uma modalidade de fornalhas, a mais tradicional que conheci: abre-se uma grande vala no chão. Dentro dela, são erguidos os fornos, usando-se pedras bem sólidas e grandes ou mesmo sólidos adobes de argila amassada.

Depois, são erguidas as paredes laterais, já no formato de um arco que se estreita até alcançar as dimensões dos tachos que serão empregados para o trabalho.

Esse estilo de fornalhas apresenta a vantagem adicional de acumular o máximo do calor da lenha, evitando, ao mesmo tempo, que o vento interfira muito no direcionamento das chamas.

Em segundo lugar, como os tachos empregados para esse processo costumam ser bem grandes, as paredes laterais devem ter pouco mais de um metro de altura para que uma pessoa que estiver cuidando do processo não precise inclinar-se nem erguer-se para manter os braços no nível da abertura dos tachos e operar as grandes pás de madeira, bem como manobrar as espumadeiras com suas conchas feitas de cabaças ou cuités.

As pás são acionadas quando se deseja apenas mover a garapa fervente, impedindo que grudem ou queimem no fundo do tacho. Já as espumadeiras entram em ação quando se deseja retirar da garapa resíduos de sujeira decorrentes da própria casca da cana. Elas ajudam também a evitar extravasamento da garapa em intensa ebulição.

Quando se pretende produzir rapadura, a experiência indica o ponto exato da fervura da garapa. A fase de produção da rapadura ocorre no pico mais alto de fervura da garapa. Isto é, o ponto certo de obtenção da rapadura é quando a garapa fervente vai acelerando a velocidade de ebulição, a tal ponto que é preciso reduzir as chamas da fornalha, ao mesmo tempo que se acelera o ritmo de mexidas com a espumadeira ou pá.

Mantendo essa fervura por alguns minutos a mais, chega-se ao ponto de ruptura. Esse pico é um momento mágico em que os balões de espuma fervente, primeiro, amiúdam-se saltitantes. Vão, em seguida, amiudando suas erupções e proliferando-se em toda a superfície fervente.

Nessa altura, as fôrmas de madeira já estão preparadas para recolher aquela pasta espumante. Ao comprovar-se o ponto certo da metamorfose da garapa em rapadura, é só ir despejando a pasta no vasilhame adequado.

Tão logo a massa fervente vai-se esfriando, vai-se endurecendo. Esse seu endurecimento explica o próprio nome popular "rapadura". Com poucas horas de resfriamento, surgem os blocos retangulares de tonalidade verde-clara para marrom-clara, quase esbranquiçados: eis a rapadura.

Quando se pretende produzir o açúcar, deve-se continuar o processo da fervura da garapa. Com um pouco mais de trabalho, tempo e paciência, a massa fervente vai-se adensando. Os balões ferventes começam a reduzir a abertura de erupção dos vapores aquecidos.

Enfim, com o adensamento da pasta fervente, todos os furos borbulhantes são bloqueados. Nesse momento, a massa em erupção se eleva bruscamente e, dando uma espécie de cambalhota no ar, cai pulverizando-se em milhares de grãos de açúcar.

Açúcar e rapadura, eis os filhos primogênitos do grande patriarca colonial, o engenho.

Eis aí o engenho tradicional em ação. Esse era o engenho que conheci e com o qual convivi na minha infância e juventude.

Em sua ignota história de centenas ou milhares de safras que sua excelência, o engenho, operou, quantas coisas bonitas ocorreram, mas também quantas coisas tristes se deram à sua volta! Quantas famílias criou e sustentou, mas quantos operários padeceram e foram sugados do vigor de sua humanidade! Quantos dedos, mãos ou braços não decepou impiedosamente!

Joarez Virgolino Aires

65. Equipamentos de farinhada dos sertões do Jalapão

Figura 65 – Fogo que forja o alimento

Fonte: desenho de Amanda Aires Medeiros, 10 anos

Equipamento principal é o caititu. Não se trata aqui do javali, também chamado porco-do-mato ou queixada. Basicamente, trata-se de um cilindro de madeira de 57 centímetros de comprimento. Esse cilindro pode ser produzido por um carpinteiro caprichoso, pois precisa ter um diâmetro exato e por igual em toda a sua extensão. Sobre a superfície desse cilindro, prega-se uma placa de zinco perfurada em toda a sua superfície, tendo a dimensão exata do diâmetro do cilindro.

É, basicamente, um ralador de mandioca mecanizado movido por uma grande correia de tração ativada por uma enorme roda, a bolandeira, com mais de dois metros de diâmetro.

Essa grande roda é construída em madeira à semelhança de um monociclo. Inclusive, os pedais do monociclo correspondem às duas manivelas que são posicionadas na mesma sistemática dos pedais da bicicleta. Essas manivelas atuam articuladamente ao eixo central da bolandeira.

Entre caititu e bolandeira, deve existir uma distância mínima de uns dois metros. Em lugar da corrente da bicicleta, entra a grande correia articulando a bolandeira com o caititu. Essa correia é normalmente de couro cru e torcido com duas "pernas". Essa distância e a diferença de diâmetro das duas unidades encerram o segredo de poder-se mover o caititu a uma grande velocidade, empregando um mínimo de esforço a baixa velocidade.

Numa pequena farinhada, uma só pessoa dá conta de tanger a roda da bolandeira. Quando se trata de uma grande quantidade de mandioca a ser ralada, devem atuar duas pessoas, uma em cada lateral da roda tangendo uma manivela.

O tapiti

Outro utensílio de uso mais raro, mas muito necessário na fabricação da farinha de mandioca, era o chamado tapiti.

Verificando o dicionário, encontramos ser essa a denominação de uma espécie de coelho. Aplicando esse nome ao utensílio de espremer massa de mandioca, isso poderia indicar a grande flexibilidade do objeto que, a exemplo do animalzinho silvestre, estica-se e contrai-se com muita facilidade.

A denominação indígena do utensílio nos indica que herdamos esse equipamento da tradição silvícola. Eis aí um artigo bem engenhoso em sua concepção. Trata-se de tecer esse utensílio no formato cilíndrico, a partir da tala da mesma palmeira-buriti, em estado verde, pelo mesmo princípio da urdidura de um tecido. Produzidas as talas e todas devidamente aparelhadas, é preciso articular a tessitura das talas de buriti já numa configuração cilíndrica, desde seu ponto de partida.

Isso requer domínio da técnica centenária, talvez milenar, dos ancestrais indígenas. As talas vão-se cruzando e circulando numa figura cilíndrica. Quando se chega à dimensão pretendida, a tessitura se afunila até se fechar completamente. Finalizado o utensílio, verifica-se que, quando pressionamos os dois terminais ou extremidades entre si, o tapiti vazio encurta-se à medida que vai aumentando seu cilindro. Quando, pelo contrário, tracionam-se as duas extremidades, o tapiti se estica, crescendo até seu limite máximo. Ao mesmo tempo, o cilindro da figura se estreita, reduzindo, também ao máximo, seu diâmetro.

O tapiti e a sucuri

A concepção do tapiti parece inspirar-se na mesma estratégia da sucuri.

Esse engenhoso animal, embora tendo diâmetro bem menor que o de suas vítimas, consegue engoli-las aplicando uma esperta técnica.

Uma sucuri adulta de 12 a 15 metros de comprimento consegue engolir um pequeno bezerro empregando toda a sua estratégia. Uma vez que já tenha submetido sua vítima pelo estrangulamento, aplica toda a sua força constritiva para lhe reduzir as dimensões esmagando-a, ao limite extremo, para degluti-la em seguida. Essa operação só se torna possível porque esses animais não têm esqueletos rígidos. Inclusive suas mandíbulas, a parte mais estruturada deles, podem ser desarticuladas, deixando todo o seu diâmetro elástico.

Muito sagazes, esses bichos engolem pequenos bezerros e outros chifrudos começando pela cauda. Quando os engolem por inteiro, resta de fora o par de chifres. Aqui está a origem da lenda popular de que existem cobras de chifres!

  Essa flexibilidade do tapiti conferiu-lhe uma preciosa função: serve para espremer e secar a massa de mandioca que se pretende depois levar ao forno para, torrando, transformar-se na farinha de mandioca.

66. Murici do cerrado e murici do banhado

Figura 66 – Chuva e sol no cerrado do Tocantins

Fonte: desenho de Pedro Miguel Aires, 10 anos

Além do murici, outra preciosa fruta que adorávamos encontrar em nossas investigações pelo mato era o bacupari. É uma fruta um pouco menor que uma tangerina mimosa, só que totalmente silvestre, e ocorre sempre no cerrado ou em pequenos capões de mato. O arbusto que a produz tem uma densa folhagem verde-escura e se parece com o cacau, mas este é bem maior e, no interior de sua polpa, encerra muitos caroços. Já o bacupari tem no interior de sua polpa um ou dois caroços. Sua casca externa lembra um pouco a estrutura da casca do cacau, por ser um tanto espessa. Outra diferença estrutural entre os dois: o cacau é alongado como um abacate e o bacupari, redondinho.

Seria o bacupari o primo pobre do cacau? Em volta das sementes, há uma suave polpa de sabor bem doce, lembrando um pouco as sementes do ingá.

No interior dos vastos cerrados goianos, há ainda duas árvores muito pródigas em frutos: o baru e o jatobá. O primeiro é produzido por uma árvore robusta e exuberante em galhos e folhas como o pequizeiro. Seus frutos têm o diâmetro aproximado ao de uma macaúba, mas apresentam a exótica estrutura achatada nas duas laterais. Quando maduros, adquirem a cor amarela e exalam um cheiro bem forte, um tanto repulsivo. Esse é um dos frutos apreciados por morcegos, que devoram sua polpa macia e o abandonam. À semelhança da macaúba, têm uma fina polpa externa, mas esta tem um sabor muito agressivo e pouco agradável. Não se costumava comer os barus, apenas seu bago interno, sua semente, no formato alongado como as sementes do coco-babaçu. Só aproveitávamos essa parte depois de quebrar sua crosta.

O jatobá é produzido por uma árvore de porte elegante, bem mais alta que a árvore do baru. Os frutos têm o formato de uma fava gigante e, quando maduros, ficam intensamente pretos. Como a macaúba, têm uma sólida e espessa crosta externa. Em seu interior, acomodam como sementes grandes caroços, amparados externamente por uma espessa polpa amarelada e farinácea. Isto é, quando bem maduros, de casca bem preta, as sementes são envoltas numa camada bem espessa de uma massa fofa que se dilui com uma leve pressão dos dentes. Ao ser tocada, já se esfarela num pó amarelado com um sabor adocicado, exalando um odor um tanto agressivo às narinas.

67. A aristocrática seriema, uma meteorologista dos cerrados do Tocantins

Figura 67 – Seriema, a regente das estações

Fonte: desenho de Beatriz Mota Aires, 10 anos

Do meu longo tirocínio nos cerrados do meu Tocantins, entendo e aponto como a mais admirável de todas as aves aquela de porte médio, denominada *Cariama cristata*, a seriema. Essa ave é um pouco maior que um jacu e bem menor que uma ema ou avestruz. É um ser aristocrático e arisco. Tem o corpo esbelto com pernas altas e finas de tonalidade avermelhada. Caminha sempre ereta, com o pescoço esticado para o alto. Com seus olhos quase avermelhados, vai fazendo, atentamente, uma varredura do horizonte em 180 graus. Tem no alto da cabeça um lindo penacho colorido e esvoaçante como se fossem antenas. De fato, essas suas antenas parecem sincronizadas com as variações do tempo. Prefere pastar em cerrados abertos, com vegetação baixa.

Tem a mesma habilidade das angolistas para atacar, matar e comer pequenas cobras do cerrado e dos campos. Tive o privilégio de assistir a uma ou mais delas atacando e matando esses rastejantes. Primeiramente, fazem uma aproximação cautelosa. Atacam sua presa com golpes rápidos e certeiros e logo se esquivam, antes de serem alcançadas pelo bote de sua vítima. Depois de várias dessas investidas, a cobrinha é imobilizada e logo deglutida.

Uma meteorologista nata

Em tempo de chuva, as seriemas atuam como funcionárias meteorologistas. Nunca falham nas suas previsões. Se estiver fazendo sol e se avizinhar uma pancada de chuva, logo elas correm e voam para o interior de um mato mais fechado e disparam sua cantoria alta e estridente para todos ouvirem. Erguem a cabeça e esticam o pescoço derramando em todas as direções seu martelado onomatopaico: *"Tar-que-tar! Tar-tar-tar-tartartar! Tar-que-tar; tar-tar-tar-tar!"*

Como se vê, as seriemas apresentam uma partitura em dois hemistíquios. A melodia de seu hino vai em escala ascendente até o final do primeiro segmento. Na segunda parte, a intensidade segue descendente até a nota mais baixa. Como elas andam sempre aos pares, dá a impressão de que o primeiro hemistíquio é proferido por um membro da dupla e numa escala de primeira voz, enquanto o segundo é proferido pelo segundo membro, na escala de segunda voz. Assim, nota-se que a cantoria da seriema é uma peça litúrgica muito bem trabalhada. Pura obra da natureza!

Se, pelo contrário, tiver chegada a hora de o sol voltar, elas saem dos capões de mata, retornam ao campo aberto e, de lá, anunciam aos quatro cantos do vento: *"Tar-que-tar; tar-tar-tar-tartar-tar! Tar-que-tar; tartartar-tar-tar-tar!"*

Andam sempre em duplas ou casais. Quando um par dispara o alerta em seu território, logo outros casais vão tecendo a rede de comunicação de campos e matas.

Por me despertar muita curiosidade, conferi, centenas de vezes, que elas nunca erram nem negligenciam seus deveres cívicos! São sempre solidárias, verdadeiras e fiéis à sua nobre missão. Atuam em cadeia, como os galos que anunciam alvoradas e vão também espalhando e repercutindo o alerta: *"Tar-que-tar; tar-tartartar-tar-tar! Tar-que-tar; tar-tar-tar-tar-tar-tar!"*

68. Criaturas mágicas e enérgicas: lagartixas & "faraones"

Figura 68 – Diziam os velhos: *"Quem não tem o que lhe atente não tem o que lhe sustente!"*

Fonte: desenho de Micaela Aires Medeiros, 10 anos

Recordo-me de que o oitão do casarão do Ioiô era bem alto. E era exatamente ali que costumavam ficar ou desfilar espertas lagartixas, sempre deslizando suave e tranquilamente por todas as direções, em busca de pequenos insetos que garantiam sua alimentação certeira.

Intrigava-me vê-las balançando as pontiagudas cabeças, como se estivessem sempre concordando com qualquer pergunta que se lhes fizesse!

Passava eu ali momentos perdidos, apreciando e admirando a mágica que faziam para andar em todas as direções sobre aquele paredão, transitando de cabeça para cima ou para baixo, na vertical ou na horizontal, não importava. Estavam sempre firmemente aderidas às paredes, sem nunca escorregarem nem caírem. E como as invejava, desfrutando daquela liberdade toda, sem nenhum esforço aparente, desgaste nem estresse!

Associo esse meu encantamento com a plena liberdade das lagartixas ao quase êxtase que experimentava alçando-me ao topo das mangueiras mais altas. Talvez o capcioso Freud pudesse enxergar aí a origem de minha frustrada vocação de aeronauta.

Todavia, o certo é que as espertas lagartixas preferiam fazer suas aparições nos paredões do Ioiô em dias de sol mais intenso, principalmente pelo meio-dia.

As enérgicas galinhas-d'angola

Outras criaturas que também apreciavam as alturas e que faziam parte do cenário habitual daquele recanto de muita paz e tranquilidade eram as sagazes galinhas-d'angola, também chamadas angolistas, e que os colonos italianos usavam um termo muito curioso e engraçado para denominá-las: "faraone"!

Pois bem, as "faraone" dos italianos gostavam de pousar exatamente no ponto mais alto da casa, a cumeeira. De lá, elas, destemida e escandalosamente, lançavam, em todas as direções do horizonte, seu estridente e onomatopaico grito de guerra, por nós assim traduzido: *"Tô fraco, tô fraco, tô fraco, tô fraco"*. E haja ouvido ou paciência para suportar a impertinente, monótona e metálica insistência das "angolistas". Se, naquelas horas, andasse por ali a nossa enérgica "Dindinha", logo lançaria também, em represália, bem alto, seu grito de guerra: *"Xô, coirão!"*

Nesse ponto, mamãe discordaria, decerto, repetindo um provérbio que aprendera do meu complacente avô materno: *"Quem não tem o que lhe atente não tem o que lhe sustente"*.

No momento, os "coirões" eram as danadas das "angolistas", mas, a qualquer instante, poderiam ser também os traquinas dos netos que estivessem aprontando algum "malfeito", como gostava de dizer nossa presidente Dilma.

IV
PRÁTICAS CULTURAIS DO TOCANTINS

69. Fantasias de um cavalo de buriti

Figura 69 – A imaginação constrói realidades

Fonte: desenho de Caio Aires Medeiros, sete anos

Nos devaneios de minha infância, adorava andar a cavalo. Mais no da fantasia do que no de carne e osso. Havia, naquela época, o costume de confeccionarmos o que chamávamos de "cavalo" em talos verdes tirados da palmeira-buriti.

Para essa finalidade, deve-se usar uma flecha de buriti em estado verde ou verdoso, nunca seco. Pouco mais de metro e meio são necessários para se obter um elegante cavalo de buriti.

Na extremidade mais grossa, cria-se o formato da cabeça de um cavalo fazendo-se duas incisões perpendiculares nas laterais, simulando exatamente duas orelhas.

Bem no fim das duas incisões, faz-se um corte transversal no formato de um V e, exatamente nesse ponto, uma dobradura da pequena secção da flecha de buriti, em 45 graus.

Feito isso, tem-se a configuração da cabeça do "cavalo" equipada com suas duas orelhas. Com uma pequena despontada na extremidade dessa pequena secção, assegura-se a aparência de uma boca, acrescentando-se aí mais uma pequena abertura em V com um pequeno ângulo. Isso feito, eis aí a boca de nosso cavalo de buriti.

Aí é só equipá-lo com um simples "cabresto" ou mesmo "rédea". Cabresto ou rédea era uma simples cordinha, obtida com uma pequena embira ou cordinha da própria fibra do olho da palma de buriti.

Fiz e tive centenas desses cavalos de buriti, e desfrutei deles. Montado nos "cavalos", soltávamos a imaginação e navegávamos num espaço cheio de magia e encantamento.

Um belo ou triste dia, eu passeava com meu "ginete fogoso", um bonito cavalo de buriti, pelo quintal de nossa casa, vagueando por entre ramagens de inhame, cará e mandioca. Em determinado ponto, avistei uma espécie de pequeno lago, esbranquiçado, resultante da queima de monturos. Era um daqueles barreiros em que nosso pai queimava, de tempos em tempos, esse material de entulho. Imaginei que ali estava um laguinho em que devia levar meu cavalo a beber. Entrei naquele círculo esbranquiçado, mas afundei num poço de cinzas vivas e ardentes que queimaram logo toda a pele de minhas canelas. Não me recordo das dores que senti.

Contudo, guardei uma triste lembrança desse momento, assim como os lamentos e as reprimendas de minha mãe.

70. Deliciosas estórias de Trancoso

Figura 70 – *"Entrou pelo bico do pinto, saiu pelo bico do pato!"*

Fonte: desenho da Giulia A. M. Aires, nove anos

Em nossas férias escolares, mesmo quando já estávamos no seminário, passávamos até um mês ajudando nossos pais. Até mesmo nos dias de trabalho, podíamos, aos domingos, ler um ou outro livro que pegávamos no seminário.

Eu mesmo costumava levar dois ou três de Júlio Verne. Acredito que, dos aproximadamente 20 volumes da coleção desse autor, devo ter lido todos, incluindo os que já eram lidos ao longo do ano, nas refeições do dia.

Nas horas vagas, eu me retirava para um oitão da casa ou para um canto disponível, mergulhava naquele maravilhoso mundo de fantasia e criatividade, e viajava envolvido nas mil e uma peripécias que o sagaz e inventivo escritor sabia improvisar para surpreender. O astucioso autor conhecia bem todos os caminhos de nosso imaginário, sempre abrindo novas trilhas. Dominava, como ninguém, a magia de manter viva nossa curiosidade. Não entregava nenhum de seus desfechos antes da hora.

Outra apreciada fonte de entretenimento eram as estórias de Trancoso, que apreciávamos ouvir. Entre as pessoas que conviviam conosco, tínhamos sempre uma mais idosa conhecedora desses enredos preciosos.

Assim, depois de termos jantado, inclusive uma saborosa coalhada, semeada por cima com rapadura e farinha de puba que mamãe nos arranjava, já deitados em nossas redes, embalávamos nosso sono nos intrincados meandros de uma história dos tempos de rei e rainha. Cada uma delas sempre terminava com esta mensagem apelativa: *"Entrou pelo bico do pinto, saiu pelo bico do pato. Rei, meu senhor, mandou dizer pra contar mais quatro!"* E todas se iniciavam com a expressão: *"Era uma vez...".*

Esses contadores habilidosos sabiam conduzir o enredo da narrativa, alimentando sempre nossa imaginação e curiosidade. A sequência nunca era monótona, mas sempre intercalada com trechos cantados que requeriam sua adequada melodia. Poucas pessoas tinham essa habilidade. Eu mesmo pouco conseguia.

Entre os companheiros do seminário, num conjunto de mais de 30 pessoas, tínhamos um único colega que dominava essa arte com maestria e tinha um repertório quase inesgotável. Por quatro ou cinco anos que convivemos em nossas férias no Mato Escuro, ouvi centenas de história que ele contou, sem nunca repetir uma só.

Esse colega tinha de fato uma memória prodigiosa. Em compensação, tinha dificuldade de análise lógica. Seria capaz de reproduzir tudo o que o professor dissera durante toda a aula sem, contudo, entender patavina do que ele falara. Muito engenhoso, ele encontrou um colega que entendia, mas não memorizava. Vi os dois estudando juntos. O de memória angélica reproduzia os assuntos e o perspicaz ia explicando o que aquilo tudo significava. Nunca vi equipe mais integrada e intercomplementar.

As narrativas das tais histórias de Trancoso sempre envolviam, além de rei e rainha, bruxas e madrastas malvadas que atormentavam crianças indefesas.

Apareciam também monstros pavorosos, feiticeiros que transformavam pessoas em coisas ou animais, príncipes e princesas em rãs ou sapos horrorosos. Eles próprios, os feiticeiros, convertiam-se em pedra ou planta para desaparecerem.

71. O aboio regendo a boiada – ciência, arte e magia

Figura 71 – Vaqueiro tocando a boiada

Fonte: imagem do Google/Wikipédia

Nosso pai não cantava. Nunca o ouvi cantando. O mais perto disso que ouvi dele eram os melodiosos aboios que ele entoava quando recolhia nosso gadinho do mato para o curral. Depois de tê-los encaixado numa trilha para o destino que pretendia, aos poucos, conseguia cadenciar o passo dos animais pela toada de sua melodia. Por diversas vezes, tive o privilégio de mergulhar nessa magia.

No momento de reunir as reses num grupo mais compacto, era preciso enquadrar alguma que teimava em seguir independente. Esses recalcitrantes teimavam em disparar numa ou noutra direção. Montado em seu cavalo, o vaqueiro precisa disparar junto, trazendo-as de volta ao magote. É uma árdua peleja. Todavia, tão logo se rendiam, meu pai iniciava sua toada de aboio.

Nesse momento, o clima mudava bruscamente. Aquelas reses que, há pouco, espumavam nervosas, tão logo suas orelhas apanhavam no ar as vibrações suaves da melodia, carregadas de emoções, sofriam uma visível metamorfose. As orelhas eretas e inquietas que, há pouco, pareciam eletrizadas pelo nervosismo, atentas aos ruídos provindos de todas as direções, de repente, acalmavam-se. Posicionavam-se num ângulo mais aberto e, distendidas, começam a se mover pela própria cadência de seu passo. A busca frenética dos olhos explorando espaço e oportunidade para se evadir era substituída por pupilas opacas que pareciam fitar o vago e o infinito.

O aboio do vaqueiro já deslizou sobre todos os lombos; infiltrou-se pelos cones de todas as orelhas e penetrou em todos os poros da boiada. Não apenas orelhas e ouvidos se afinam na frequência musical da toada. Todo o corpo dos animais parece sintonizar a música também. E o passo da boiada entra em novo ritmo. Até suas patas parecem marcar o compasso musical entrando na frequência das oscilações do aboio. Os corpos convulsos e caóticos irmanam-se numa rede compacta que, então, passa a se mover regida pelo mesmo compasso musical da toada: *"Eêii, ôô..."*.

Com muito pouca experiência na lide com o gado, dava-me conta de que ali estava uma ciência por mim totalmente desconhecida. Por outro lado, crescia em mim uma admiração maior ainda por aquela valiosa competência em que meu pai se movia com tanta maestria e naturalidade. Também eu, em todo meu ser, sentia-me impregnado pelo mesmo encantamento. E, sobretudo, profundamente envaidecido em ver meu pai dominar aquela maravilhosa arte do encantamento de animais. Como o invejava. Até tentei imitar sua toada, mas a garganta não se abria com aquela eloquência musical intensa, grandiosa e fluente.

No silêncio do campo, além do troar das patas no solo, levantando uma nuvem de poeira, o potente aboio reverberava na mata, fazendo coro com o pungente trinado da seriema lá longe, na curva da mata.

E como eu invejava o borbulhar espontâneo e intenso das modinhas e dos versos rimados, que iam brotando da mente e da garganta de meu pai. Iniciava por uma vogal determinada, com baixa intensidade. Avançava depois para tons progressivamente mais altos e ia lentamente caindo no recitativo, mencionando geralmente a rês a que estivesse se dirigindo: boi, vaca ou bezerro.

A parte final da cantoria era sempre endereçada à sua rês interlocutora. Tudo se passava como se estivesse falando bem aos ouvidos do animal que precisava acalmar ou encantar. Era uma coisa mágica perceber que o animal entendia perfeitamente que estava dialogando com um ser humano. Nesse momento, o clima mudava bruscamente. Aquelas reses que, há pouco, espumavam nervosas, tão logo suas orelhas apanhavam no ar as vibrações suaves da melodia, carregadas de emoções, sofriam uma visível metamorfose. As orelhas eretas e inquietas que, há pouco, pareciam eletrizadas pelo nervosismo, atentas aos ruídos provindos de todas as direções, de repente, acalmam-se. Posicionavam-se num ângulo mais aberto e, distendidas, começam a mover-se pela própria cadência de seu passo. A busca frenética dos olhos explorando espaço e oportunidade para se evadir era substituída por pupilas opacas que parecem fitar o vago e o infinito.

O aboio do vaqueiro já deslizou sobre todos os lombos, infiltrou-se pelos cones de todas as orelhas e penetrou em todos os poros da boiada. Não apenas orelhas e ouvidos se afinam na frequência musical da toada. Todo o corpo dos animais parece sintonizar a música também. E o passo da boiada entra em novo ritmo. Até suas patas parecem marcar o compasso musical entrando na frequência das oscilações do aboio. Os corpos convulsos e caóticos irmanam-se numa rede compacta que, então, passa a se mover- regida pelo mesmo compasso musical da toada: *"Eêii, ôô..."*.

Com muito pouca experiência na lide com o gado, dava-me conta de que ali estava uma ciência por mim totalmente desconhecida. Por outro lado, crescia em mim uma admiração maior ainda por aquela valiosa competência em que meu pai se movia com tanta maestria e naturalidade. Também eu, em todo meu ser, sentia-me impregnado pelo mesmo encantamento. E, sobretudo, profundamente envaidecido em ver meu pai dominar aquela maravilhosa arte do encantamento de animais. Como o invejava. Até tentei imitar sua toada, mas a garganta não se abria com aquela eloquência musical intensa, grandiosa e fluente.

No silêncio do campo, além do troar das patas no solo, levantando uma nuvem de poeira, o potente aboio reverberava na mata, fazendo coro com o pungente trinado da seriema lá longe, na curva da mata.

E como eu invejava o borbulhar espontâneo e intenso das modinhas e dos versos rimados que iam brotando da mente e da garganta de meu pai. Iniciava por uma vogal determinada, com baixa intensidade. Avançava depois para tons progressivamente mais altos e ia lentamente caindo no recitativo, mencionando geralmente a rês a que estivesse se dirigindo: boi, vaca ou bezerro.

A parte final da cantoria era sempre endereçada à sua rês interlocutora. Tudo se passava como se estivesse falando bem aos ouvidos do animal que precisava acalmar ou encantar. Era uma coisa mágica perceber que o animal entendia perfeitamente que estava dialogando com um ser humano.

72. Entre gamelas e gameleiras

Figura 72 – A robusta gameleira produz utensílios diversos

Fonte: desenho de Camila Aires Romio, 11 anos

No caso, gameleira era uma referência às águas barrentas desse córrego após as chuvas. Todavia, gameleira também é uma árvore que produz uma seiva leitosa muito usada como purgativo. Uma colherada desta em jejum produz uma espécie de diarreia em que são expelidos os vermes amortecidos por seu poderoso efeito. A tradição indicava que, após ingerir a seiva leitosa, devia-se tomar um banho em água fria. Era isso o que fazíamos, uma vez ao ano.

Essa medicação vermicida era completada por uma colherada de óleo de rícino dissolvido em mel de abelha. Dado o forte e nauseabundo odor desse óleo, quando éramos criança, só o engolíamos sob a convincente ameaça de umas chibatadas no lombo. Lembro-me do tom persuasivo de nossa mãe e, tendo sempre à vista o chicote como pior alternativa, creio que todos os anos nós conseguíamos escapar das chibatadas. O nome gameleira parece derivar do fato de que essa singular árvore tem muita serventia na confecção de gamelas, vasilhas de utilidade doméstica dela produzidas. Isso por dois bons motivos. O lenho dessa madeira é macio e seu tronco alcança, facilmente, um metro ou mais de diâmetro.

Utensílios da gameleira

A mesma madeira também se presta à confecção das bateias, utensílios em forma cônica usados para procurar ouro ou diamante nas areias de córregos especiais. Desde que me entendi por gente, sempre convivi com esses dois utensílios, bateias e gamelas. Ainda hoje, quase enxergo a bateia que sempre acompanhava nosso pai desde Babaçulândia, acredito mesmo que ele já a possuía antes de nascermos. Guardo, como nesgas de vaga lembrança, que nosso pai teria passado por um período de investidas em garimpos de ouro e diamante. Inclusive, no bojo desses fiapos do passado, consta que ele teria se aventurado nos garimpos do Jacundá, estado do Pará. Teria, inclusive, mergulhado com aqueles antigos equipamentos chamados de escafandros.

Pelo que sei, como a maioria dos garimpeiros, não conseguiu resultados satisfatórios. Parece que esse era uma espécie de sonho ou delírio que sempre o acompanhava com a indefectível bateia dos meus tempos de meninice.

A versátil gamela

O segundo utensílio doméstico obtido da árvore gameleira é a gamela, uma espécie de bacia equipada com quatro "orelhas" na sua parte externa e superior. Estas servem de pontos de apoio para serem manipuladas com mais firmeza e segurança. A gamela concorria ou rivalizava, com vantagem, com bacias de alumínio ou esmalte e, sobretudo, com a cuia.

Desde criança, conheci gamelas em nossa casa. Todas confeccionadas por nosso pai. Antes de conhecer as bacias de esmalte ou alumínio, conheci as gamelas como as vasilhas de maior utilidade numa cozinha do antigo interior goiano. Tínhamos sempre em casa duas ou três gamelas para serviço doméstico. E, quando uma delas se rachava, nosso pai ainda calafetava suas fendas com cera de abelha e esta passava a servir de bebedouro para galinhas, que sempre tínhamos soltas ou fechadas em ceveiros.

Era ali que lavávamos o arroz, antes de despejá-lo na panela para cozinhar. Recorríamos à mesma gamela para cortar e picar a carne-seca, antes de ser lavada e lançada ao arroz quando se tratava de fazer uma "maria-isabel". E, quando tínhamos uma boa quantidade de bacabas, contávamos com uma gamela de tamanho maior para amolecer, com água morna, suas duras polpas. Uma vez amolecidas, a própria gamela se prestava para, esfregando-se vigorosamente os caroços, fazer estas se desprenderem e, depois de peneirados os caroços, esfregando-se bem as polpas, obter-se a rica e preciosa sambereba de bacaba.

A prestativa cuia

Chamávamos de "cuia" o utensílio doméstico (espécie de bacia) que era usado como uma vasilha para manipular cereais em geral.

Basicamente, é uma fruta que é produzida em ramas como a melancia, mas é mais arredondada que esta, e tem a crosta bem mais dura e fina que a casca da melancia. Em situações mais raras, as cuias serviam também como unidade de medida no empréstimo ou venda de cereais em grãos, como arroz, feijão e farinha. Isso porque nem todo criador ou produtor rural daqueles tempos dispunha em casa de um litro. Assim, recorria-se a quem tinha uma dessas cuias que contivesse um volume correspondente ao de um litro.

 A cuia também era usada para se "soprar o arroz" descascado no pilão, ou seja, remover as cascas desprendidas dos grãos. A forma mais comum de fazer isso era despejar o arroz descascado de uma cuia para outra de tamanho semelhante. Sendo as cascas mais leves que os grãos de arroz, o vento as tangia para fora da vasilha. Já os grãos, sendo mais pesados, caíam na cuia de baixo.

73. Uma viola de buriti: o bandolim do Ioiô

Figura 73 – A melodia pulsa nas veias dos Aires

Fonte: desenho de Stella Aires Romio, 13 anos

Nosso terno e carinhoso vovô, "Ioiô" – era assim que o chamávamos –, quando não estava com o machado ou o enxó lavrando alguma madeira, estava esticado numa rede, dedilhando um cavaquinho, também chamado bandolim, que ele mesmo fizera, talhado em braços da palmeira-buriti.

Para construir o corpo todo de seu bandolim, usara três peças do braço seco de um talo da palmeira-buriti, sendo a peça central, praticamente, o dobro do tamanho das duas outras laterais. Depois de ajustá-las, cuidadosamente, umas às outras, uniu-as por meio de uma espécie de grampo do próprio talo do buriti, que transfixou as três peças firmemente entre si.

Na extremidade do braço mais longo, abriu oito furos, por onde passavam os cravos de madeira que serviam de ponto principal para fixar as cordas da viola.

Esses cravos são o ponto crítico para o ajuste bem calibrado e firme das oito cordas da viola. Cravos bem justos e firmes garantem uma boa afinação das cordas da viola e, ao mesmo tempo, asseguram uma boa qualidade de som. As outras extremidades das cordas, ele fixou na base do instrumento, amarradas firmemente em uma tira retangular de couro ou sola curtida. Esta, por sua vez, foi cravada firmemente por fornidos grampos que talhou na própria tala, extraída da casca externa do talo do buriti ou mesmo de uma lasca de taboca ou taquara.

Concluído todo esse arranjo, calafetou as três peças, devidamente escavadas em seu interior, hermeticamente, com massa vegetal que obtete da raspagem da batata produzida por uma espécie de orquídea agreste. Chamávamos essa batata de inharé.

Depois de seca, essa massa resiste a baques e trações sem rachar ou soltar. Esse material era verdadeiramente uma cola muito tenaz. Maleável, mas praticamente inquebrável.

A parte final dessa pequena obra de arte sertaneja são as cordas da viola. E o material usado por meu avô era o sedém de cavalo. Aqui, também intervinha outra arte. Era preciso escolher o sedém de cavalo certo e no tempo, isto é, na fase da lua correta para se extraírem os fios certos e apropriados. Não servia qualquer sedém de qualquer cavalo.

Segundo o mano Aldo, esse animal devia ser lerdo, pois, conforme ponderava a sabedoria herdada por nosso pai, as fibras do sedém dele eram fortes e resistentes. Já as do bicho ágil e rápido eram frágeis e quebradiças.

Para cada nota da viola, era preciso se juntar a quantidade certa de fios, que eram torcidos e presos constituindo uma só unidade física.

Meu pai também dominava bem essa técnica. E tanto sabia fazer, isto é, produzir o instrumento, como o tocava com maestria.

Guardo bem em minha memória furtivos episódios em que papai e vovô, o Ioiô, em raríssimos momentos de lazer compartilhado, duelavam suas doces e encantadoras violas.

Minha memória registra também a sensação de que meu pai conseguia botar sua viola para falar. Para mim, a viola do meu pai "conversava" claramente, enquanto a do meu querido Ioiô apenas ia penosamente sussurrando.

Conservo em minha mente um pequeno poema que meu pai entoava, acompanhado pelos acordes encantadores de sua preciosa viola: *"Estrela D'Alva, vou mimbora, deixa o dia, deixa o dia amanhecer. Eu também quero ir-me embora, tou penando, tou penando o padecer!"*

Quando vasculho pelos recantos de minha memória, enxergo nosso querido e carinhoso Ioiô lavrando, com seu enxó, goiva ou seu machado, cochos para os animais ou talhando grossos troncos de jatobá, construindo ou consertando suas canoas.

74. "Borracha", a geladeira dos tropeiros do norte goiano, hoje Tocantins

Figura 74 – Tropeiros com suas mulas

Fonte: imagem Google/Wikipédia

Como transportar água, por longas distâncias, em lombo de animal? Uma das formas mais comuns era cada viajante levar, atada à sua cintura, uma pequena cabaça, espécie de cantil com uma dose de água suficiente para um dia de viagem.

Entretanto, se o território que se devia percorrer era inóspito, desprovido de pequenos córregos ou alguma fonte de água, o grupo de viajantes era de mais de quatro pessoas, necessitavam-se cozinhar alimentos, além de dar de beber aos animais de carga, cabacinhas já não bastavam.

É aqui que entra em cena um utensílio inventado por tropeiros e viajantes de longas distâncias, a chamada "borracha", usando-se um couro curtido, depois de devidamente recortado no formato retangular, tendo em sua extremidade superior uma embocadura por onde se coloca água e também se retira o bocado para beber e demais serventias. Todo esse conjunto é igualmente costurado com couro curtido. No entanto, antes de costurar as duas partes entre si, cada uma delas é ensebada com gordura animal, ao ponto máximo, nas faces interna e externa.

As primeiras camadas de sebo devem ser levadas ao sol para que a gordura impregne bem todos os poros da pele. Dadas as últimas camadas, está preparado o material para atender bem a sua finalidade: tornar-se inteiramente impermeável. No alto dessa peça, deixa-se uma embocadura que permite depositar e retirar água por aquela abertura, tampada com uma espécie de rolha talhada em madeira.

O formato desse vasilhame lembra muito a forma do estômago humano e dos animais. Quem sabe não está aí a origem da criação?

Depois de alguns dias, após toda pele ser bem impregnada e saturada de água, tem-se um excelente vasilhame de armazenar e transportar água numa viagem em lombo de animal, sem se perder uma gota sequer. Sendo o invólucro de pele animal, não se quebra nem se rasga. Daí talvez seu nome, "borracha".

Bem ensebado, mesmo sob o intenso sol, a água ali depositada se conserva fresquinha e de excelente qualidade, preservando seus predicados básicos: incolor, inodora e transparente. Ainda criança, conheci, usei e vi meu pai fabricando esse precioso utensílio.

75. Apuros do "cumpadre" Zuza numa rapa de tacho!

Figura 75 – Tacho de cobre

Fonte: Google/Wikipédia

Entre nós, logo se destacou um interno pobre, proveniente da Bahia. Preferia e era chamado pelo apelativo de Zuza. Tinha o hábito de chamar a todos de compadre. Muito inventivo, sempre criava um apelativo em corruptela. Os assim chamados "caras" ele os identificava como: compadre "Derguis", compadre "Ruá" e compadre "Aldaro", atribuídos respectivamente para: Rui, Joarez e Aldo!

O nosso Zuza estava sempre bem-humorado e brincando com todos. Assim, desfrutava da amizade e do apreço de todos nós. Brincalhão e divertido, mas muito responsável, logo mereceu cuidar das compras e administrar a despensa do seminário. Andava sempre com uma penca de chaves. De longe se ouvia logo sua aproximação, pelo tilintar das chaves!

Gozava também de muita estima das irmãs dominicanas. Sempre que podia, atendia aos pedidos que lhe faziam. Dono de um excelente apetite, todos sabíamos que adorava doce de leite. Assim, sempre que as irmãs faziam uma tachada de doce de leite, chamavam o Zuza para desfrutar da rapa do tacho.

Numa dessas suas comilanças, andou exagerando na dose. Consequência: foi atacado por uma violenta diarreia.

Nessa época, tínhamos como WC cubículos equipados com uma grande fossa, amparada por um pequeno "trono" servido por um furo, por onde se deitavam fezes e urinas. Semanalmente, o tabuado era lavado, e ali se despejavam cal virgem e creolina para abrandar os odores mais agressivos. Esse conjunto de cubículos ficava amparado numa casinhola anexada ao terminal das duas laterais dos claustros. Esse anexo dispunha de um pequeno vestíbulo, bem estreito, espécie de corredor de acesso aos diversos cubículos que ali havia.

Pois bem, um belo dia, Zuza recebeu o convite para ir ao colégio das irmãs, ajudar na finalização de uma tachada de doce de leite.

Muito prestativo, Zuza ajudou a mexer o tacho até ao final. Depois, as irmãs deixaram que ele saboreasse à vontade toda a rapa do tacho. Com sofreguidão, compadre Zuza devorou tudo o que pôde. Retornou ao seminário. Mas, sem demora, sentiu que seu estômago entrou a contorcer-se em fortes cólicas que logo desandaram numa descontrolada diarreia.

O pobre se viu na cruel situação de, mal aliviado de um ataque de cólicas de diarreia, ter de retornar ao "trono" para despachar mais uma dose. Cansado dessas idas e vindas entre o dormitório e o banheiro, o pobre Zuza resolveu atar sua rede bem no vestíbulo da toalete, no estreito corredor de acesso ao cubículo. Assim, era só apear da rede e trepar no "trono" para aliviar suas cólicas. Dessa forma, ele atravessou toda a noite nessa triste diligência.

No dia seguinte, todos que demandamos a privada nos deparamos com o "compadre Zuza" muito desfigurado, pálido, de olhos fundos e hospedado bem na entrada do banheiro. Para ingressarmos no cubículo, tínhamos de nos desviar dos punhos de sua rede. Aos que não se renderam ao óbvio e o indagavam o que acontecera, ele muito combalido e nos limites da humana resistência mal gemia: *"Eéé, pois éé, cumpade!"*

76. Uma agulha fabricada de pelo silvestre

Figura 76 – Fonte perene de vida

Fonte: desenho de Caio Aires Medeiros

Um bom artesão trabalha com mais de 20 variedades de peles. Para as peças mais grosseiras e fornidas, precisa-se do couro de boi, devidamente curtido.

Para peças ainda mais fornidas e robustas, é recomendado o couro de anta, que tem o dobro da espessura do couro de boi ou mais.

Já para produzir peças menores e mais delicadas, deve-se recorrer a uma variedade de peles, como o couro do veado-mateiro, do catingueiro e do galheiro. São também bem-vindas as peles da onça-pintada ou da suçuarana.

O couro de anta tem muita serventia e função nesse laboratório ou verdadeira indústria manufatureira. Preciosas são também as peles da paca e da cutia.

Peles mais raras, mas também encontradiças, eram as de onça-pintada ou suçuarana.

Até o pelo eriçado do ouriço tem seu papel. Na arte de costurar peças delicadas, o artesão precisará desse pelo sólido e de grosso calibre, que serve de agulha.

Para isso, os fios para a costura são devidamente encerados para se tornarem mais resistentes e serem devidamente encastoados nessas improvisadas agulhas.

Normalmente, nosso pai utilizava a chamada linha zero e também a linha encerada de fábrica. Tem-se o cuidado de encerar essa extremidade.

Quando se tratar de encerar a linha zero, não encerada de fábrica, deve-se usar para isso, unicamente, a legítima cera de abelha.

Não sei por que motivos, mas a cera que meu pai usava para encerar linhas tinha cor preta. Era uma massa pastosa, mas muito consistente, com um cheiro bem agradável, lembrando o próprio odor do mel de abelha.

E eis como se produz essa peculiar "agulha". Escolhe-se um dos fios mais longos e rígidos, extraídos do pelo animal. Na extremidade mais fina do pelo, faz-se uma pequena rasgadura, dividindo essa extremidade em duas metades iguais. Pega-se uma das extremidades da linha que se pretende usar para costurar a peça. As duas extremidades, do pelo e da linha, são sobrepostas ao longo de dois centímetros. As extremidades do pelo rasgado são usadas para contornar a linha da costura em giros helicoidais, cingindo o fio da costura bem apertado. Elas devem girar em sentidos opostos, de tal sorte que uma vai apertando e aprisionando a outra.

Depois de duas ou três sobreposições das duas pontas rasgadas do pelo, estas devem transpassar o fio de costurar, sempre em giros helicoidais e em sentidos opostos. Aqui também devem atravessar o fio de costura umas duas ou três vezes.

Observados corretamente esses procedimentos, a linha de costurar fica firme e solidamente aprisionada à "agulha", o rígido pelo de animal silvestre. A extremidade mais rígida do pelo atua como ponta da "agulha".

Eis aí o cenário de atuação de um oficial celeiro nas primeiras décadas do século XX.

Inicialmente, por uns sete anos, Emiliano, meu pai, foi tocando seu ofício e adquirindo melhor domínio da arte.

77. Fabricando um "Isidoro" sem pregos nem parafusos

Figura 77 – Uma fábrica sem pregos nem parafusos

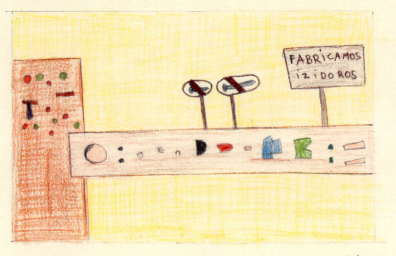

Fonte: desenho de Giulia A. M. Aires, nove anos

Normalmente, em todo o interior de Goiás, não se usava cama, e sim rede. Mesmo assim, era bem comum que o casal tivesse sua cama. Nos tempos antigos e nas regiões mais remotas do Brasil, era costume construí-la de forma bem primitiva. Cada um podia fazê-la com os recursos materiais do próprio terreno. Essa modalidade de cama tinha o curioso nome de Isidoro.

Indago-me sobre o porquê desse nome. Teria algo a ver com o homônimo santo espanhol, festejado no dia 4 de abril, que foi bispo em Sevilha durante 40 anos e, além de muitos outros, escreveu o *Livro das etimologias*, inventário de todos os conhecimentos humanos da época, muito apreciado na Idade Média, chamado também de *Livro das origens das coisas*?

Eis como se constrói uma cama Isidoro: fincam-se inicialmente quatro forquilhas bem fornidas e muito firmes. Prendem-se sobre elas um quadrilátero de varas bem grossas.

Uma vez constituída essa moldura, com cipós se tece uma malha cobrindo toda a superfície da cama. Sobre esta, pode-se colocar uma esteira, fabricada a partir do talo da palmeira-buriti. Pode-se também confeccionar um colchão, enchendo-se uma espécie de saco retangular com capim de folha macia. O mais usado na época era o capim-de-cheiro por ser macio e exalar um odor agradável. Uma vez cortado, esse capim deve ser picado bem miudinho. Quando já está bem seco, faz-se o enchimento.

O único inconveniente desse colchão é que, depois de já bastante surrado pelo uso, às vezes, algumas pontas do capim cortado conseguem atravessar o tecido e, apontando para nosso corpo, dar suas alfinetadas. Isso pode ser evitado utilizando-se um tecido mais grosso para revesti-lo.

Cipós e embiras

Estou me referindo ao cipó chamado escada. Essa trepadeira cresce bem rápido, enroscando-se em outros vegetais. Pelo que me recordo, apresenta um talo mais fino e rígido no centro e duas laterais mais fibrosas e macias. Tem o capricho de crescer em ondulações e exatamente no formato de S. De um mesmo tronco, brotam várias ramificações que alcançam até a copa das árvores.

Aproveitam-se os cipós que não se tornaram muito grossos nem muito rígidos, o que torna possível, sem muita força, puxá-los de seu enrosco no corpo e na copa de arbustos e árvores. Uma vez puxados e liberados, basta, com uma pequena incisão numa e noutra lateral, rasgar suas laterais do miolo endurecido. Retirado o miolo enrijecido, é só enrolar as grandes tiras. Quando se inicia o trabalho, deve-se ter o cuidado de mantê-los sempre à sombra para permanecerem verdes e macios. Quando secam, é impossível produzir nós em suas ataduras.

Quando já se obteve uma boa ou grande quantidade de cipós e embiras para a amarração, é chegada a hora de prender varas em todos os esteios fincados na extensão das paredes que se pretende erguer.

O procedimento de amarração se inicia do alto para baixo. E isso por uma simples razão: os nós que se empregam para prender as varas nos esteios são feitos sempre de dois em dois. Isto é, as varas são amarradas aos pares: uma na face interna e outra na face externa da parede. Essa é, portanto, uma tarefa que não dá para executar sozinho. Para melhor desempenho, são necessárias duas pessoas: uma na parte interna da parede e outra do lado de fora – esta coloca as varas ao mesmo tempo que efetua a amarração.

78. O "boi de fogo" e o cigarro de palha do tio Déco

Figura 78 – Um cigarro parente do boi – "boi de fogo"

Fonte: desenho de Giulia A. M. Aires, nove anos

Tratando-se do tio Déco, duas peculiaridades dele ficaram registradas em minha memória: costumava fumar um cachimbo de fabricação própria. Outras vezes, preferia o cigarro de palha. Este sempre era produzido no momento de fumar. Sim, literalmente, produzido. O processo todo era bastante complexo, como explicaremos. Minha curiosidade infantil registrou cuidadosamente todos os detalhes desse engenhoso e singular ritual.

Primeiramente, sem nenhuma pressa, ele, se estivesse assentado, puxava para o colo seu precioso embornal de pano que carregava a tiracolo. Depois, pegava dali um pequeno rolo de fumo enrolado, de alguns centímetros de comprimento e de cor escura, quase preto.

Com a ajuda de um pequeno canivete, apoiando o taco de fumo na palma da mão esquerda, picava bem miúdo uma pequena porção de seu fumo. Depois de guardar cuidadosamente este em seu embornal, mantinha a porção de fumo picado na palma da mão esquerda fechada. Nesse ponto, com a ajuda da mão direita, moía cuidadosamente a porção de fumo picado na palma da mão esquerda em concha, esfregando uma sobre a outra.

Isso feito, no ponto certo, buscava novamente em seu embornal um pequeno maço de folhas, ou melhor, palhas de milho cuidadosamente selecionadas e atadas num só maço por uma pequena tira retirada da mesma palha de milho seco. Extraía dali uma delas. Umedecia-a, cuidadosamente, com a ponta da língua.

Com o auxílio do canivete, raspava-a cuidadosamente como que para alisá-la e amaciá-la.

Concluída essa fase, dobrava a palha escolhida no formato de uma canaleta e recolhia ali seu fumo já também preparado.

Enrolava-o cuidadosamente. Dobrava uma das extremidades desse pequeno cilindro. E, depois, introduzia aquela extremidade em sua boca, tendo o cuidado de umedecê-la, calmamente, com sua saliva.

Com o cigarro já concluído e aprisionado firmemente entre os lábios, buscava mais uma vez no seu bem municiado "patuá", também chamado de "bissaco", um precioso e indispensável instrumento: o seu famoso "boi de fogo".

E eis como era construído ou constituído esse instrumento especial: uma ponta de chifre de gado, escolhido a gosto. No interior desse cone vai uma boa quantidade de algodão, devidamente prensado ou compactado.

E aqui não estamos falando do algodão industrializado e embalado no formato de um cilindro.

O algodão da serventia do "boi de fogo" é aquele in natura, em estado bruto, obtido da própria lavoura ou, até mesmo, no fundo de um quintal, então, comum em todo o norte goiano.

Para proteger o algodão, vai uma tampa cilíndrica talhada de uma cabaça curtida na água. Essa tampa vai aprisionada na ponta do chifre por intermédio de uma tira de couro e devidamente encaixada como tampa protetora. Igualmente aprisionado ao cone de chifre, vai um pedaço de ferro ou aço, em geral preparado por um ferreiro, uma vez que o metal precisa ter um furo por onde se ata uma das pontas de mais uma tira de couro. Esse conjunto era denominado "artifício".

Essa peça deve ficar presa ao cone por uma tira de couro. Para produzir o fogo, requer-se uma "pedra de fogo", isto é, uma pedra bem rígida capaz de, quando violentamente atritada, produzir faíscas de fogo. Atritando-se violentamente a peça de ferro ou aço na porção de pedra rígida, obtém-se uma centelha ou faísca.

Para se recolher essa faísca, a pedra de fogo deve estar posicionada exatamente bem na boca do "boi de fogo". Quando esta salta, deve cair sobre o chumaço de algodão.

No exato momento em que essa faísca cai sobre o algodão, deve-se soprar ativamente sobre ela. E eis que surge o prestigioso fogo em que o fumante, sem demora, leva a ponta de seu cigarro e, soprando levemente dentro do cilindro, consegue, enfim, acendê-lo sem usar fósforo nem isqueiro. Eis a maravilha transmitida de geração para geração.

79. À luz de antigas lamparinas

Antiga luminária com uma asa presa ao gargalo do vidro e a parte inferior presa bem na base inferior do recipiente. O vidro recebia uma tampa em que num fino cilindro aberto perpassava um pavio feito de algodão retorcido. Na base inferior do recipiente, havia um suporte circular alguns centímetros mais amplo que o diâmetro deste.

Havia também outro modelo de lamparina inteiramente confeccionada em flandres. Em lugar do vidro como recipiente, entrava uma espécie de pirâmide recortada no mesmo material e cuidadosamente soldada a uma base, tendo como tampa uma cobertura superior por onde passava o pavio de algodão torcido e embebido no querosene depositado no recipiente.

Tinha uma pequena alça feita com uma tira de flandres devidamente colada na face externa da vasilha recipiente do querosene.

Todas essas formas de luminárias rudimentares clareavam bem pouco, mas produziam muita fumaça. Depois de uma noite de estudos à luz de lamparinas, muitas vezes, no dia seguinte, quando assoávamos o nariz, vinha fuligem da fumaça.

Eis aí a famosa lamparina que iluminou as noites de quase toda a nossa juventude. Era também a única luz que permitia a nossos pais, tendo de adiantar um trabalho com data próxima de vencimento, continuar seu labor noite adentro. Esses trabalhos ocasionais tinham o nome de serão! Papai costumava avisar: "Marica, hoje preciso fazer um serão!" Não me recordo de ouvir minha mãe avisando. Ela, quando precisava, simplesmente fazia!

Havia também outra luminária denominada candeia. Talvez por produzir mais fumaça, não utilizássemos essa modalidade em nosso dia a dia, mas era bastante comum, normalmente, em moradias mais pobres.

Era uma vasilha feita de argila com o formato cilíndrico ou oval, sendo também guarnecida de uma alça para manuseio e um suporte. Como combustível, usava o sebo, gordura animal ou, até mesmo, o óleo de babaçu. Recordo-me de um terceiro modelo de luminária que chamaríamos de primitiva. Era também chamada de lamparina.

Esse modelo tinha feitio semelhante ao primeiro aqui descrito, com pouca variante. Tinha o mesmo nome de lamparina, mas se utilizava do combustível vegetal. Em nossa região, era o óleo ou azeite de babaçu. Lembro-me bem mais do primeiro modelo e bem pouco dos dois últimos. Pessoas mais pobres usavam como combustível o sebo animal.

80. Tocando borá nos barrancos do Tocantins

A ocasião preferida para essa brincadeira era quando tomávamos banho no Tocantins. Naturalmente, sem roupa ou calção algum. É claro que não havia sabão nem toalha. E isso ocorria sempre em área definida como espaço territorial próprio para homens. O ponto das mulheres ficava separado, geralmente usado para lavagem de roupa, em alguma curva do rio, amparada por uma cortina vegetal, ao abrigo dos olhares dos curiosos. Tocar borá era uma arte especial que crianças e jovens aprendíamos com os garotos de nossa idade. Um adulto de responsabilidade, nunca tocava borá.

Depois de muitas tentativas frustradas, quando conseguíamos produzir um sopro oco e sonoro, ficávamos horas a fio repetindo o mesmo martelar sonoro. E isso consistia em juntar as duas mãos uma à outra unidas no formato de uma taça em que os dois dedos polegares se cruzam numa lateral, tendo o cuidado de posicionar os dois indicadores apoiados e ajustados sobre as duas maçãs do rosto e de ajustar os dois polegares sob o queixo.

Isso feito, sopra-se vigorosamente sobre o côncavo das mãos. Com muito treino e perseverança, consegue-se arrancar um sopro sonoro e, com a ajuda do movimento da língua, vai-se obtendo uma modulação sonora, sibilante ou uivante.

Nosso mano Aldo, sempre imaginoso, traduzira a toada desse sopro sob o formato de uma cantilena, assim articulada: *"Parrundá, parrundá, parrundá, oi parrundá! Parrundá, parrundá, parrundá, oi parrundá!"* E a cantilena prosseguirá enquanto fôlego houvesse ou não importunasse alguém!

EPÍLOGO

Talvez por ser um apreciador das Sagradas Escrituras é que, ao finalizar este livro, *Nos cafundós do Jalapão*, com a sensação de algo bom concluído, assaltou-me a mente a insidiosa associação com o estado mental experimentado pelo Senhor Deus ao concluir a bela obra da criação, nos termos da versão da Bíblia italiana, língua corrente, interconfessional: "E Deus viu que tudo que tinha feito era verdadeiramente muito belo!" (*"E Dio vide che tutto quel che aveva fatto era davvero molto bello!"*) (Gênesis, 1, 31).

E é claro que repeli essa satânica mentira. Mas devo reconhecer que fui socorrido pela lembrança das preciosas descrições que o mestre Machado de Assis retrata naquele seu delicioso conto, "A igreja do diabo".

Mas antes que fosse socorrido por Machado de Assis, ainda fui visitado por um esboço de maldosa e irônica justificativa, invocando aquela constatação de G. K. Chesterton: "o louco perdeu tudo, exceto a razão!"

Assim, para ficar no território das Sagradas Escrituras, invoquei a declaração do apóstolo João em 8,32: "conhecereis a verdade e a verdade vos libertará".

A razão de ser deste breve preâmbulo é explicar ao leitor que as 80 crônicas aqui recolhidas são, no fundo, uma antologia dos dois primeiros livros que publiquei: *O viandante: saberes e sabores do Tocantins* e *Retalhos da caminhada*.

E, no empenho de oferecer ao leitor o exato contexto daquele memorial, devo exibir aqui a breve apresentação que inseri como introito deles. Ei-la.

Para usar a linguagem bíblica, que muito aprecio, o livro *Retalhos da caminhada* pode ser definido como o Jacó que trapaceou seu irmão Esaú.

Trocando em miúdos. Gênesis relata que Rebeca, esposa de Isaac, concebeu os gêmeos Esaú e Jacó, ancestrais de dois povos distintos. Para explicar que povos vizinhos se antagonizavam, o hagiógrafo elaborou a teoria de que eles eram, na verdade, irmãos gêmeos que já brigavam no ventre da mãe. Tanto que o mais novo, Jacó, receando ficar desamparado da bênção da primogenitura, agarrou no calcanhar de Esaú. Queria trapaceá-lo e nascer antes.

Traduzindo minha analogia: na configuração final de meu primeiro livro, *O viandante*, tive de excluir um bom punhado de textos para deixar minha obra primeira isenta de obesidade, esbelta e fagueira!

Ali estava o Esaú, *O viandante*, ruivo e vigoroso caçador, com suas 288 páginas. Mas o Jacó já saíra também, agarrado ao calcanhar do primogênito, por meio dos textos expurgados.

Assumindo eu o papel de Prometeu, já comprometido na finalização de uma nova criatura, *Retalhos da caminhada*, juntei os cacos e me pus a garimpar nos estirões de minha caminhada. Dessa diligente busca, fui erguendo uma nova escultura das memórias do caminhante.

À medida que fui encaixando as peças, pareceu-me que estava montando uma bela colcha de retalhos. A metáfora de retalhos surgiu daí, escorando-me também em frei Carlos Mesters que enxerga a Bíblia como uma rica e bela colcha de retalhos.

Mas, como Prometeu, para o arremate final de minha escultura, eu necessitava de uma fagulha divina para infundir no corpo do novo ser. Foi então que me lembrei de minha doce conterrânea, a carismática poetisa Cora Coralina, que também tropeçou nessa metáfora do retalho.

Esgueirei-me por entre os altares das divinas musas e acerquei-me da incandescente bigorna da sagrada forja da minha Hefestos, Cora Coralina, e arrebatei do seu estojo algumas joias para aplicar um fulgor de arremate à minha nova criatura.

E repare a joia que emprestei de Cora Coralina: "[...] Em cada retalho, uma vida, uma lição, um carinho, uma saudade... que me tornam mais pessoa, mais humana, [...] pedaços de outras gentes que vão tomando parte da gente também".

E a melhor parte é que nunca estaremos prontos, finalizados... Haverá sempre um retalho novo para adicionar à alma. *(Poemas dos becos de Goiás, Cora Coralina)*

Aí está meu anel de noivado. E, por se tratar de um ente especial, deixo aqui uma recomendação ao leitor, fazendo minhas as palavras incandescentes de Castro Alves: "Não lhe toques no leito de noivado, há pouco a liberdade o desposou! ("A cruz da estrada", Castro Alves).